藤尾秀昭＝編

修身教授録一日一言

森信三＝著

致知出版社

身の時間に、若き学徒の師範一部生（現在の中学三年生）を対象に講義せられたもので、森信三先生は、当時三十九歳より四十一歳に及ぶ期間であります。時代的には、昭和十二年（一九三七）日中戦争の突発前後の国運ただならぬ時であります。

そうした時代背景を思うにつけても、若き学徒を前に、人生の要諦につき、また教育者の心構えを説かれた、諄々《じゅんじゅん》たる情熱は、今も人の心を打ちつづけて止まないものがあります。

かえりみれば、わたくしどもの地元、岸城読書会は、いま二四五回を重ねておりますが、そのテキストは、一貫してこの『修身教授録』を用い、くりかえし輪読しております。今後もこの読書会のつづく限り、不易の教本として活読されるものと信じて止みません。というのも、はや二十年の歳月を重ねておりますが、沸々として湧きでる泉のごとく、時に火を吐く烈々たる気魄に眼を瞠《みは》るものがあり、声を発して、朗読の魅力を感じて尽きないものがあるからです。かつて読書会の二〇〇回記念に、全国に及ぶ愛読者諸兄の協力を得て、『修身教授録』より一語を選び、その所懐を寄稿していただきましたが、結局二四二名の方より寄せられました。ここにもいかに愛読者が全国に及んでいるかを物語るものがあります。

思えば当時、森信三先生は、京都大学哲学科本科を経て、なお大学院に進み、宇宙・人生について探究して止まない学究肌の先生にとって、与えられた地位境遇は、必ずしも恵まれたものではございませんでしたが、それ故にこそ、一語千鈞にも値する語録の凝結ともなったと思われてなりません。

そしていちはやく、一見貧粗なゲラ刷りの講義録に着目せられたのが、国語教壇の師、芦田恵之助先生（一八七三～一九五一）でありまして、「これぞわが恵雨会の所依経なり」と認証せられたわけであります。深海の真珠は心ある真人によって世に出ることとなり、それ以来、幾多の時代の変遷を経て、平成元年致知出版社より再び世に問われ今日に到っております。

今回その教授録より、一年三六六日にわたり選び抜かれた語録を通読して、改めて感じ問われますことは、次の通りであります。

第一、人生に対する根本信条についての問題
第二、「真志正望」いわゆる真の志に立脚しているかどうかの問題
第三、真に自覚ある日々のあり方をしているかどうかの問題
第四、何事も、十年先、二十年先の先見洞察をもっているかどうかの問題
第五、人生生死あり、人生順逆あり、逆境に処する決心覚悟は出来ているかどうかの問題

いまこうして仮に五ヶ条を列記しましたが、ただ一つ先師の骨髄たる「人生二度なし」の一語に帰着するものであり、ここに人をして魅了して止まない源泉があろうかと思われてなりません。

今や〝日本の論語〟として永遠に愛読せられるであろうと思うにつけても、このたびの致知出版社の編集発行については多大の敬意を抱いております。読者はこの内から一語なりとも、しかと心中深く刻印せられるでありましょうし、同時にぜひとも原本たる『修身教授録』にも触れられますよう乞い願うものです。

凡例

・本書は森信三著『修身教授録』（致知出版社）を原本としています。

・収録に際しては原則的に原文のまま収録していますが、原文の意を損なわない範囲で一部加筆をしています。

・各日の語録末尾に付された【53】などの数字は『修身教授録』の頁数を表しています。

装　幀――川上　成夫
編集協力――柏木　孝之

1月

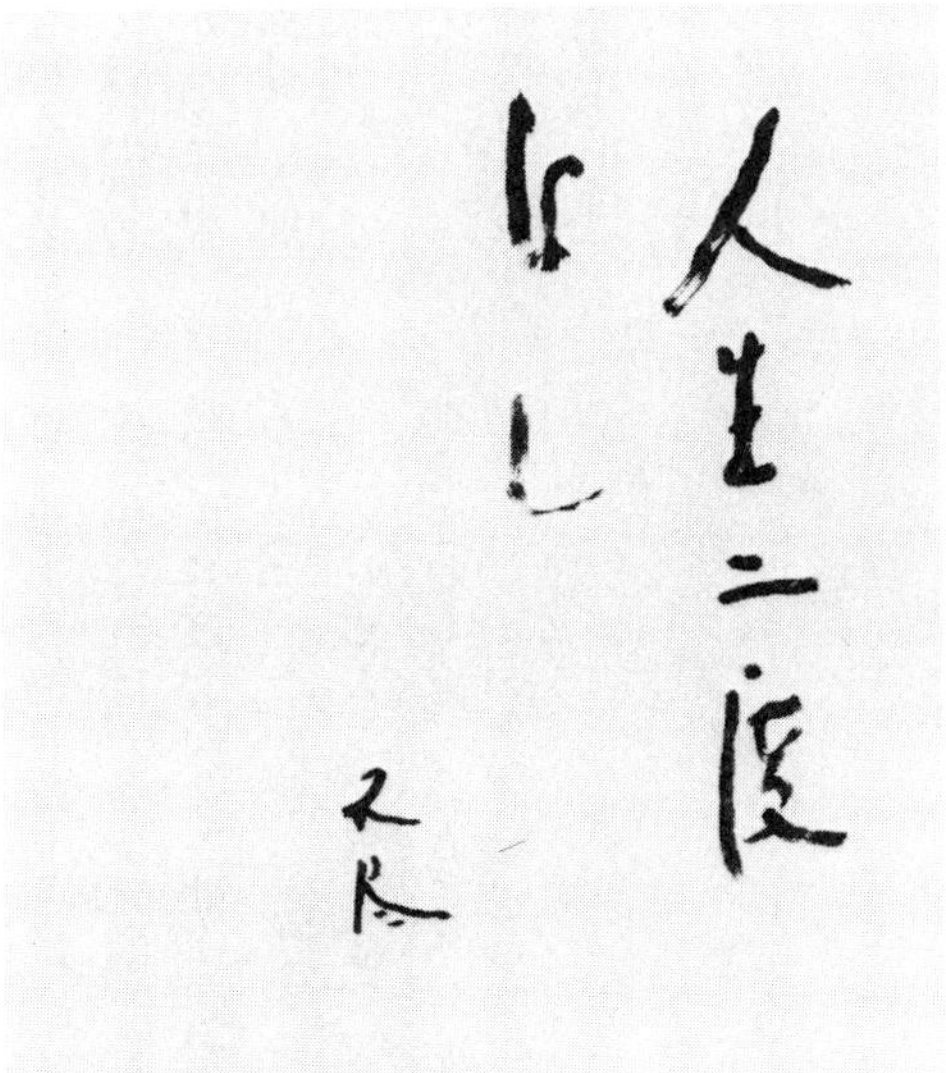

人生二度なし

1日 真の人間生活への出発

大よそわが身に降りかかる事柄は、すべてこれを天の命として慎んでお受けをするということが、われわれにとっては最善の人生態度と思うわけです。ですからこの根本の一点に心の腰のすわらない間は、人間も真に確立したとは言えないと思うわけです。

したがってここにわれわれの修養の根本目標があると共に、また真の人間生活は、ここからして出発すると考えているのです。

【13】

2日 人生は志の確立に始まる

諸君らにして、もし真に志を立てたならば、いかに微々たりとはいえ、その人が一生をかければ、多少は国家社会のために貢献し得るほどのことは、必ずできるはずであります。

かくして人生の根本は、何よりもまず真の志を打ち立てるところに始まるわけであります。

【54】

3日 いかに生きるか

真に志を立てるということは、この二度とない人生をいかに生きるかという、生涯の根本方向を洞察する見識、並びにそれを実現する上に生ずる一切の困難に打ち克つ大決心を打ち立てる覚悟がなくてはならぬのです。【295】

4日 人身うけがたし

自分は人間として生まれるべき何らの功徳も積んでいないのに、今、こうして牛馬や犬猫とならないで、ここに人身として生をうけ得たことの辱さよ！　という感慨があってこそ、初めて人生も真に厳粛となるのではないでしょうか。【21】

5日 人生の価値

人生の価値というものは、その意義を認めることの深さに応じて現れてくるものであります。したがって人間の生涯を通じて実現せられる価値は、その人が人生における自分の使命の意義を、いかほど深く自覚して生きるか否かに比例するとも言えましょう。

【91】

6日 人間の価値

われわれ人間の価値は、その人がこの二度とない人生の意義をいかほどまで自覚するか、その自覚の深さに比例すると言ってもよいでしょう。

ところで、そのように人生の意義に目覚めて、自分の生涯の生を確立することこそ、真の意味における「立志」というものでしょう。

【92】

7日 至柔至優の魂

諸君！　真に剛に徹しようとしたら、すべからく柔に徹すべきである。教育ということは、今さら申すまでもなく、魂の問題であります。それ故魂をあつかうところの教育の問題は、至柔至優の魂を持つものでなくては、真に解くことはできないはずであります。

【133】

8日 真志正望

諸君はすべからく大志大望を抱かなければならぬ。しかし真の大望は、私利私欲の立場であってはならぬのです。その意味からは、「真志正望」と言ってもよいわけですが、しかしまあ若い諸君らには、大志大望という方がピッタリするでしょう。

諸君らのとり組む真の相手は、同級生や、池田師範の生徒などではなくて、欧米の師範生です。このことが分からぬようでは、諸君も本当のことはできないでしょう。

【139】

9日 教育者の覚悟

教育者というものは、命がけでこの人生を突走る覚悟が必要です。教育者にこの力があってこそ、初めて鼻たれ小僧にも、その生涯を貫く志の種まきをすることができるのです。

【140】

10日 眠る魂を呼び醒ます

真の教育というものは、単に教科書を型通りに授けるだけにとどまらないで、すすんで相手の眠っている魂をゆり動かし、これを呼び醒ますところまで行かねばならぬのです。

【235】

11日 真の力は真の読書から

真に書物を読むことを知らない人には、真の力は出ないものです。

【141】

12日 引金を引く

読書は、いわば鉄砲で的をねらうようなものです。しかしいかにねらいは定めても、引金を引かない限り、一向恐ろしくないでしょう。引金を引くとは、実行ということです。そこでどんなに本を読んでも、実行の心がけのないような人間は、恐れるに足りないのです。

【141】

13日 天地を開く

諸君は読書の一道に徹して、自分の天地を開かねばならぬ。そして読書と実行にかけては、何人にも負けないという気魄が必要です。【141】

14日 情熱なき理論は理屈にすぎない

人間というものは情熱なくして偉大な仕事のできるものではありません。真に力のある生きた思想というものは、偉大なる情熱が、しだいに澄みゆくところに生まれるものであって、情熱を伴わない理性というようなものは、真の理性ではなくて、単にこざかしい理屈にすぎないのです。【511】

15日　一生の基礎は十五で決まる

私の考えでは、人間の一生の基礎は、大体十五歳までに決まるものだと思うのです。したがってその年頃になるまでの教育は、相手の全人格を左右して、その一生を支配する力を持つわけです。ところがそれ以後の教育は、結局相手の一部分にしか影響しないと言ってよいでしょう。人間も十五、六歳をすぎますと、急に批判的になるものです。ところが、そのように批判の芽が出だしてからは、もう教育の影響力は部分的になって、全面的には及びにくいのです。

【168】

16日　道を開くのは自分

真に自分の道を開くものは、自己自身でなくてはならぬということを、今日から深く覚悟しなくてはならぬと思うのです。道を歩むにはどこまでもわが足をもって自から歩むの外ないように、いやしくも人間たる以上、自分の道は常に自己一人の力によって開かなければならぬのです。

【282】

17日 教育と礼

私は教育において、一番大事なものとなるものは、礼ではないかと考えているものです。つまり私の考えでは、礼というものは、ちょうど伏さっている器を、仰向けに直すようなものかと思うのです。

器が伏さったままですと、幾ら上から水を注いでも、少しも内に溜まらないのです。ところが一たん器が仰向きにされると、注いだだけの水は、一滴もあまさず全部がそこに溜るのです。

これはまさに天地の差とも言うべきでしょう。

実際人間は、敬う心を起こさなければ、いかに優れた人に接しても、またいかに立派な教えを聞いたにしても、心に溜るということはないのです。【477】

18日 真の誠への歩み①

真の「誠」は、何よりもまず己のつとめに打ち込むところから始まると言ってよいでしょう。すなわち誠に至る出発点は、何よりもまず自分の仕事に打込むということでしょう。【253】

19日 真の誠への歩み②

総じて自己の務めに対して、自己の一切を傾け尽くしてこれに当たる。すなわち、もうこれ以上は尽くしようがないというところを、なおもそこに不足を覚えて、さらに一段と自己を投げ出していく。これが真の誠への歩みというものでしょう。【253】

20日 野心と志

私達は、また野心という言葉と「志」という言葉との区別をせねばならぬでしょう。野心とか大望というのは、畢竟《ひっきょう》するには自己中心のものです。すなわち自分の名を高め、自己の位置を獲得することがその根本動機となっているわけです。

【329】

21日 世のため人のために

真の志とは、この二度とない人生をどのように生きたら、真にこの世に生まれてきた甲斐があるかということを考えて、心中につねに忘れぬということでしょう。ですから結局最後は、「世のため人のために」という所がなくては、真の意味で志とは言いがたいのです。

【329】

22日　謙遜

真に謙遜ということは、その人が内に確固たるものを持っていなくてはできないことではないかということであります。言い換えれば、人は自ら信ずるところがあってこそ、初めて真に謙遜にもなり得ると思うのです。【204】

23日　誠心

その人の誠心が、周囲の人々の心を揺り動かし、一つの力となって動きつつあるほどの人が、果たしていかほどあると言えるでしょうか。【113】

24日 言葉の背後の生活

人間の言葉が真に力を持つのは、必ずしもその言葉自身が立派だからというのではなくて、その言葉を支えている背後の生活によるのであります。

【515】

25日 言葉をたやすくする者

古来言葉をたやすくするものは、多くはこれ自らの生命に忠実なる者ではありません。

【285】

26日 すべては自分

諸君らにとって何よりも大事なことは、真に自己をつくるものは、自分以外にはないということです。すなわち自己を鍛え、自分というものを、一個の人格にまで築き上げていくのは、自己以外にはないということを、深く認識し決心するということでしょう。【400】

27日 すべてためになる

現在の自分にとって、一見いかにためにならないように見える事柄が起こっても、それは必ずや神が私にとって、それを絶対に必要と思し召されるが故に、かくは与え給うたのであると信ずるのであります。【434】

28日　徹底せよ

とにかく人間は徹底しなければ駄目です。もし徹底することができなければ、普通の人間です。

【387】

29日　やり通すか否か

大体物事というものは、七割か七割五分辺までいくと、辛くなるものです。富士登山でいえば、胸突き八丁です。そこをしゃにむにやり通すか否かによって、人間の別が生じるんです。ですからたとえフラフラになっても、ぶっ倒れるまでやり抜くんです。そしてこのような頑張りこそ、最後の勝敗を決するんです。

【386】

30日　心がけが光となる

心がけというものは、だれ一人見るものはなくても、それが五年、十年とつづけられていくと、やがてその人の中に、まごうことなき人間的な光が身につき出すのです。

【421】

31日　深い恩恵ほど気付きにくい

われわれは、平素自分がうけている恩恵については、その程度の深いものほど、かえって容易に気付きがたいのが常であります。それはちょうどわが顔は、自分に最も近いにもかかわらず、あまりの近さの故に、かえって平生それと気付かずにいるのと同様だと言えましょう。

【25】

2月

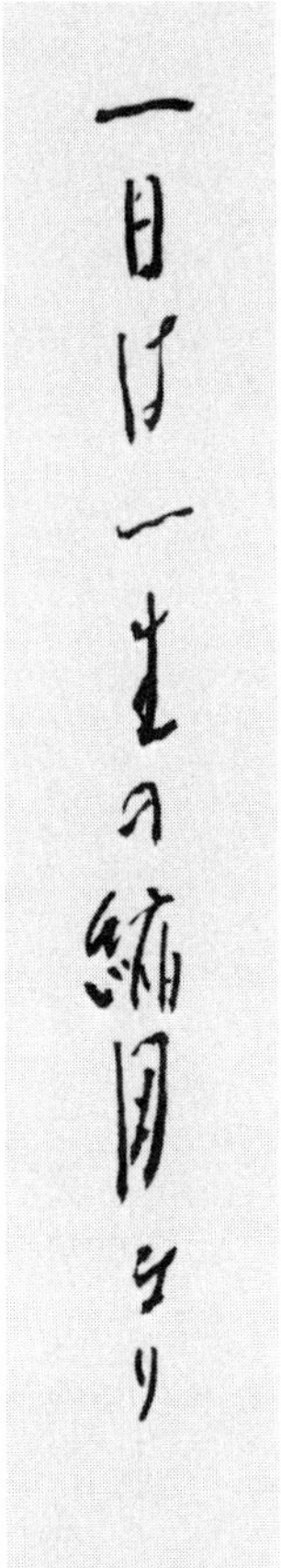

一日は一生の縮図なり

1日 まず自らが学ぶ

人を教えるということは、実は教えるもの自身が、常に学ぶことを予想するわけであります。すなわち教師自身が、常に自ら求め学びつつあるのでなければ、真に教えることはできないのであります。【35】

2日 根本眼目は何か

総じて物事というものは、その根本眼目を明らかにしない限り、いかに骨折ってみても、結局真の効果は挙がらないものであります。否、根本眼目を誤ると、ひとり効果がないばかりか、せっかくの努力もかえって自他を傷つける結果にもなるのです。それどころか、真の眼目を誤ると、努力がつづかないのであります。【55】

3日 伝記のすすめ

偉人の書物を繰り返して読むということは、ちょうど井戸水を、繰り返し繰り返し、汲み上げるにも似ていると言えましょう。ところがどうも現在の学校教育では、学問の根本眼目が、力強く示されていない嫌いがあるのです。それ故幾年どころか、十幾年という永い間学校教育を受けても、人間に真の力強さが出て来ないのです。【53】

4日 伝記を読むべき時期

人間は一生のうち、とくに伝記を読まねばならぬ時期が、大体二度はあると思うのです。そして第一は大体十二、三歳から十七、八歳前後にかけてであり、今一つは、三十四、五歳から四十歳前後にかけてです。そのうち最初の方は立志の時期であり、また第二の時期は発願の時期と言ってよかろうと思うのです。【360】

5日 人と禽獣との異なるゆえん

われわれ人間は、自己がこの世に生まれ出た真の意義を知り、自らの使命を自覚して、いささかでもこれを実現しようとするところに、人と禽獣《きんじゅう》との真の本質的な違いがあると言うべきでしょう。（中略）

ですから、今われわれ人間にして、人生の意義の何たるかを知らず、したがってまた自己の生涯をいかに過ごすべきかに考え至らないとしたら、本質的には禽獣と、何ら異なるところのないものとも言えましょう。

【80】

6日 人を植える道

教育ということは、これを言い換えると「人を植える道」と言うこともできましょう。すなわち一人の人間を真に教育するということは、たとえば一本、一本木を植えるようなものであって、たとえ植えた当の本人たる教師自身は亡くなっても、もしその木が真に生えついていたならば、木はどこまでもその生長をやめないでしょう。

【123】

7日 一人の求道者として

もし教師にして、真に限りなく自らの道を求めて已《や》まないならば、自分もまた生徒たちと共に歩んでいる、一人の求道者にすぎないという自覚が生ずるはずであります。すなわち求道者たる点では、自分と生徒たちとの間に、何らの区別もないというわけです。……

この根本態度の確立している者にして、初めて真の教育者であり、古今の偉大なる教育家は、他の点はいかにもあれ、少なくともこの根本の一点においては、みなその軌《き》を一つにしていると言ってよいでしょう。

【131】

8日 偉人は死して実を結ぶ

人間もほんとうに花の開き出すのは、まず四十くらいからです。そしてそれが実を結ぶのは、どうしても六十辺でしょう。ところが偉人になると、実の結ぶのは、その人の肉体が消え失せた後ですから、大したものですね。

【141】

9日 人格的統一を得た学問

諸君の学問は、真の人格的統一を得たものにならねばなりません。したがっていわゆる学者先生になるのとは、大よそ根本から、その方向が違うのです。【141】

10日 「人生」という大関に挑む

諸君らは「人生」という大関に向かって仕切らねばならぬのです。教育に大切なことは、こうした態度の確立です（と言われて、先生両手をにぎりしめて仕切りの恰好をされる）。【139】

11日　なぜ国を愛するか

われわれが日本民族の一員として、この国土に生まれて来たということは、無量の因縁の重なり合った結果であって、それこそ民族の歴史に深い根ざしを持つわけであります。したがって私達がこの国を愛するということは、必ずしもこの日本という国が、優れた国だからということよりも、われわれにとっては、まったく抜きさしのできないほどの深い因縁があるからだと言うべきでしょう。【27】

12日　動かさずんば已まぬ

国家の全運命を、自分独自の持ち場のハンドルを通して、動かさずんば已まぬという一大決心の確立した時、その人の寿命は、天がその人に与えた使命を果たすだけは、与えるものです。それよりも永くもなければ短くもありません。【139】

13日　生き甲斐のある人生

いやしくも人間と生まれて、多少とも生き甲斐のあるような人生を送るには、自分が天からうけた力の一切を出し尽くして、たとえささやかなりとも、国家社会のために貢献するところがなくてはならぬでしょう。【51】

14日　常住捨て身の生活

人間の誠も、いい加減に構えているような無力な生活態度でなくて、真の全力的な生命がけの生活でなくてはならぬのです。否、全力的な生活などということさえ、なお生温《なまぬる》いのです。

真の誠は、このわが身、わが心の一切を捧げ切る常住捨て身の生活以外の何物でもないのです。【254】

15日 志とは

志とは、これまでぼんやりと眠っていた一人の人間が、急に眼を見ひらいて起ち上がり、自己の道をあるき出すということです。【236】

16日 信とは

「信」とはこの天地人生の真実を、一々中身のせんぎ立てをしないで丸受け取りに受け取ることです。すなわちまた、この天地人生の実相をつかんだ人の言葉を、素直に受け入れるということです。【271】

17日 最初に結果を求めるな①

およそ人間というものは、できるかできないかは、生涯を賭けてやってみなければ分かるものではないのです。ですから、できるかできないかは、一生の最後に至って初めて分かるわけです。【361】

18日 最初に結果を求めるな②

しかるにどうです。未だ一歩をも踏み出さないうちから、「自分はとても駄目だ」などと言って投げ出すに至っては、実に意気地のない限りではありませんか。否、このような態度は、自己に与えられたこの生命の尊さに気付かない者の言葉であり、それはある意味からは、忘恩の徒とさえ言えるでしょう。【361】

19日 人生の大問題

諸君は、一体いかなる力によって、かくは人間として生をうけることができたかという問題について、今日まで考えてみたことがありますか。私の推察にして誤りなくんば、おそらく諸君たちは、この大問題に対して、深く考えた人は少なかろうと思うのです。【16】

20日 なぜ人間として生まれたか

そもそもいかなる力によってわれわれは、かく人間としてその生をうけることができたのであるか。私達はまずこの根本問題に対して、改めて深く思いを致さなければならぬと思うのです。【17】

21日 いかに深く生きるか

人生というものは限りあるものであり、しかもそれは、二度と繰り返すことのできないものです。してみると、そこに許された人生の真の生き方というものは、この限られた年限を、いかに深く生きるかということの外ないわけです。

【364】

22日 人生の深さを知る

人生を生きることの深さは、実は人生を知ることの深さであり、人生を内面的に洞察することの深さと申してもよいでしょう。

【366】

23日 本末を見失うな①

人間というものは、現在自分の当面している仕事をまず片付けて、しかるのち、余力があったら、自分の根底を養うような修養をすべきでしょう。【465】

24日 本末を見失うな②

自分のなすべき当面の仕事をなおざりにしておいて、他の方面に力をそそぎますと、仮にそうして力をそそいだ方面は、根本的な事柄であり、またその努力がいかに大きなものであっても、こういう人は、いつかは世間からその足場を失って、あたら才能を抱きながら、それを発揮する機会を得ないで、空しく朽ち果てるのが世の常です。【465】

25日 批評的態度

人間は批評的態度にとどまっている間は、その人がまだ真に人生の苦労をしていない何よりの証拠だとも言えましょう。もちろんその人の性質にもよることですが、とにかく自分は懐手をしていながら、人の長短をとやかく言うているのは、まだその心に余裕があって、真の真剣さには至っていないと言ってよいでしょう。【498】

26日 批評知

批評ということは必ずしも悪いことではありません。否、批評知には、一種独特の鋭さがあって、なかなか馬鹿にならぬものですが、ただいつまでもその段階にとどまっていい気になっていますと、大馬鹿に陥る危険が多いのです。

つまり批評知そのものが悪いというわけではありませんが、同時にそのままいい気になっていたんでは、人間も真の成長はしないわけです。【499】

27日　一倍半の働き、二割減の報酬

真に意義ある人生を送ろうとするなら、人並みの生き方をしているだけではいけないでしょう。それには、少なくとも人の一倍半は働いて、しかも報酬は、普通の人の二割減くらいでも満足しようという基準を打ち立てることです。そして行くゆくは、その働きを二人前、三人前と伸ばしていって、報酬の方は、いよいよ少なくても我慢できるような人間に自分を鍛え上げていくんです。【463】

28日　満足できる生き方

諸君らの中には、「どんなに努力したって、この世に心残りがないというわけにはいかないだろう」と思う人もありましょう。確かにそれも一面の真理だとは思います。しかしまた他の一面、人は生前、自分の全力を出し切って生きれば、死に臨んでも、「まああれだけやったんだから、まずこの辺で満足する外あるまい」という心にもなろうかと思うのです。【262】

29日 真理を相手に生きる

真の謙遜とは、結局その人が、常に道と取り組み、真理を相手に生きているところから、おのずと身につくものと思うのであります。

【208】

3月

真理は現実の唯中にあり

1日　生への感謝

われわれ人間は自分がここに人間として生をうけたことに対して、多少なりとも感謝の念の起こらない間は、真に人生を生きるものと言いがたいと思うのです。【19】

2日　死への心構え

われわれ人間は、死というものの意味を考え、死に対して自分の心の腰が決まってきた時、そこに初めてその人の真の人生は出発すると思う。【256】

3日　教育の眼目

教育の眼目――相手の魂に火をつけて、その全人格を導くということ。【36】

4日　教育者の使命

現世的欲望を遮断しつつ次代のために自己を捧げるところにこそ、教育者の教育者たる真の使命はある。【282】

5日 人となる道を明らかにする

われわれは、一体何のために学問修養をすることが必要かというに、これを一口で言えば、結局は「人となる道」、すなわち人間になる道を明らかにするためであり、さらに具体的に言えば、「日本国民としての道」を明らかに把握するためだとも言えましょう。またこれを自分という側から申せば、自分が天からうけた本性を、十分に実現する途を見出すためだとも言えましょう。【56】

6日 才能とは磨かれるもの

井戸水も、これを釣瓶《つるべ》で汲み出さなければ、地上にもたらして、その用に充《あ》てることはできず、また鉱物や鉱石もそのまま地中に埋れていたんでは、物の用に立たないように、今諸君らにしても、たとえその素質や才能は豊かだとしても、諸君たちが真に学問修養によって自己を練磨しようとしない限り、その才能も結局は朽ち果てる外ないでしょう。【56】

7日　読書は心の食物

読書が、われわれの人生に対する意義は、一口で言ったら結局、「心の食物」という言葉がもっともよく当たると思うのです。【61】

8日　一日読書をしなければ

読書はわれわれ人間にとっては心の養分ですから、一日読書を廃したら、それだけ真の自己はへたばるものと思わねばなりません。【65】

9日 人を知る標準①

人を知る標準としては、

第一には、それがいかなる人を師匠としているか、ということであり、

第二には、その人がいかなることをもって、自分の一生の目標としているかということであり、

第三には、その人が今日までいかなる事をして来たかということ、すなわちその人の今日までの経歴であります。

【70】

10日 人を知る標準②

そして第四には、その人の愛読書がいかなるものかということであり、

そして最後がその人の友人いかんということであります。

大よそ以上五つの点を調べたならば、その人がいかなる人間であり、将来いかなる方向に向かって進むかということも、大体の見当はつくと言えましょう。

【70】

11日 たくましい人間になる

真の道徳修養というものは、意気地なしになるどころか、それとは正反対に、最もたくましい人間になることだと言ってもよいでしょう。すなわちいかなる艱難辛苦《かんなんしんく》に会おうとも、従容《しょうよう》として人たる道を踏み外さないばかりか、この人生を、力強く生きぬいていけるような人間になることでしょう。

【83】

12日 内面的に強くなる

真の修養とは、何よりもまず人間が、内面的に強くなることです。他の一切のことは、すべてそれからのことです。

【476】

13日 捨欲即大欲

人間が真に欲を捨てるということは、意気地なしになるどころか、それこそ真に自己が確立することであります。否、さらにそれによって、天下幾十万の人々の心の中までも伺い知ろうという、大欲に転ずることであります。

【85】

14日 私欲の一関を越える

私意私欲の一関を突破するということは、口で言えばただそれだけのことですが、しかしいざわが身のこととなると、決して容易なことではありません。しかし人間も、一たび私欲の一関を越えますと、一切の対人関係が明らかに見えて来ます。その明らかな筋道に従って行えば、みな道にかなうというわけです。

【463】

15日 卒業

学校を卒業するということは、人生という長旅への出発点ということです。しかるに卒業といえば、もういい気になって、寄宿舎の窓など破って喜んでいる程度の人間が、第二の小国民の教育に従事するかと思うと、実際泣くに泣けんですね。もっとも近頃では、さすがに本校でも、そんな馬鹿をする人間はなくなったようですが――。

【139】

16日 人生は短距離競走

実際人生は二度とないですからね（先生幾度もくり返して言われる）。人生は、ただ一回のマラソン競走みたいなものです。勝敗の決は一生にただ一回人生の終わりにあるだけです。しかしマラソン競走と考えている間は、まだ心にゆるみが出ます。人生が、五十メートルの短距離競走だと分かってくると、人間も凄味が加わってくるんですが――。

【140】

17日 ペスタロッチーの言葉

「苦しみに遭って自暴自棄に陥るとき、人間は必ず内面的に堕落する。……同時に、その苦しみに堪えて、これを打ち越えたとき、その苦しみは必ずその人を大成せしめる」【231】

＊森先生が講義中に引用されたペスタロッチーの言葉。

18日 どん底体験

人間の真の強さというものは、人生のどん底から起《た》ち上がってくるところに、初めて得られるものです。人間もどん底から起ち上がってきた人でなければ、真に偉大な人とは言えないでしょう。【232】

19日 悩み苦しみを噛みしめる

人生を深く生きるということは、自分の悩みや苦しみの意味を深く噛みしめることによって、かような苦しみは、必ずしも自分一人だけのものではなくて、多くの人々が、ひとしく悩み苦しみつつあるのだ、ということが分かるようになることではないかと思うのです。これに反して、人生を浅く生きるとは、自分の苦しみや悩みを、ただ自分一人だけが悩んでいるもののように考えて、これを非常に仰山《ぎょうさん》なことのように思い、そこからして、ついには人を憎んだり怨んだりして、あげくの果ては、自暴自棄にも陥るわけです。【365】

20日 おめでたさを削りとる

われわれは苦労することによって、自分のおめでたさを削りとってもらうんです。現実の世界は決してお目出たくはないのです。【271】

21日 偉人は自らを凡夫と知る

真に偉大な人格というものは、決して自分自身を、偉大であるなどとは思わないでしょう。何となれば、現在自分のなめている苦しみを、単に自分一人だけのものとは思わず、世の多くの人々が、自分と同様にこのような苦しみをなめていることを深く知っているからです。すなわち真に偉大な人というものは、つねに自分もまた人生の苦悩の大海の裡に浮沈している、凡夫人の一人にすぎないという自覚に立っているのです。【367】

22日 生命力を高める

偉人と言われるほどの人間は、何よりも、偉大な生命力を持った人でなくてはならぬはずです。しかもそれが、真に偉人と呼ばれるためには、その偉大な生命力が、ことごとく純化せられねばならぬのです。

ですから生命力の大きさ、力強さというものを持たない人間は、真に偉大な人格を築き上げることはできないわけです。【322】

23日 学問修養には気魄を要す

古人は学と言えば、必ず聖人たらんことを志したものです。しからば今日われわれ日本人として、いやしくも学問修養に志す以上、われわれのもつ偉大な先人の踏まれた足跡を、自分も一歩なりとも踏もうと努め、たとえ一足でも、それににじり寄ろうとする気魄がなくてはならぬと思うのです。【316】

24日 人の話は一番前で聞け

念のために、ついでにちょっと申しておきますが、人の話を聞くときは、後の方で聞くと、どうしても批評的になりやすいものです。（中略）

これに反して、一番前の席で聞くのは信受の態度です。そこで諸君らも、講演などを聞かれる際には、なるべく前の方の席で聞かれるがよいでしょう。【498】

25日 最終目標をつかむ

すべて物事というものは、理想すなわち最終目標を、あらかじめはっきりつかんでいないことには、とうてい本当のことはできないものであります。

【264】

26日 過去を今に生かす

人間の真の偉さというものは、その人が自分のすぎさった過去を、現在もどの程度忘れずにいて、これを生かしているか否か、ということによって、決まるとも言えましょう。

【367】

27日

この世を愉快に過ごす

人間は、この世の中を愉快に過ごそうと思うたら、なるべく人に喜ばれるように、さらには人を喜ばすように努力することです。つまり自分の欲を多少切り縮めて、少しでも人のためになるように努力するということです。【462】

28日

「約束ごと」を守る

社会的秩序の上における上下の関係というものは、いわば世の中の「約束ごと」とも言うべきものでありますから、これを履《ふ》み外すということは、同時にそのまま、世の中そのものから履み外して、社会の落伍者となる外ないのです。【216】

29日 敬の一念と生命の進展

尊敬の念を持たないという人は、小さな貧弱な自分を、現状のままに化石化する人間です。したがってわれわれ人間も敬の一念を起こすに至って、初めてその生命は進展の一歩を踏み出すと言ってよいでしょう。

【485】

30日 師の教え

自分の一生の目標を何と立てるかということも、結局はその人が、師の人格に照らされて初めて見出されるものであって、人間は師をはなれては、生涯の真の目標も立たないと言ってよいでしょう。

またいかなる書物を愛読するかということも、結局は師の教えの光に照らされて、おのずから見えて来ることでしょう。【71】

31日

恩に報いる

師に対する最高の報恩は、まさに師を越える一路の外にない。【523】

4月

腰骨を立てる

1日 人生二度なし

諸君!!　この人生は二度とないのです。いかに泣いてもわめいても、そのわれわれの肉体が一たび壊滅したならば、二度とこれを取り返すことはできないのです。したがってこの肉体の生きている間に、不滅な精神を確立した人だけが、この肉のからだの朽ち去った後にも、その精神はなお永遠に生きて、多くの人々の心に火を点ずることができるでしょう。学年の始めに当たって、私は諸君らがまずこの根本の一点に向かって、深く心を致されんことを切望してやまないしだいです。【299】

2日 学歴は無用

とかく人間というものは、地位とか学歴とかに引掛っている間は、真に徹底した生き方はできないものです。学歴というようなけち臭いものに引掛っている間は、その人の生命は十分には伸び切らないからです。【302】

3日 天命を受け入れる①

私の考えによりますと、われわれ人間というものは、すべて自分に対して必然的に与えられた事柄については、そこに好悪の感情を交えないで、素直にこれを受け入れるところに、心の根本態度が確立すると思うのであります。否、われわれは、かく自己に対して必然的に与えられた事柄については、ひとり好悪の感情をもって対しないのみか、さらに一歩をすすめて、これを「天命」として謹んでお受けするということが大切だと思うのです。同時に、かくして初めてわれわれは、真に絶対的態度に立つことができると思うのです。　【12】

4日 天命を受け入れる②

われわれも、ここにこうして一年間を共に学ぶことになったことは、天の命として謹んでこれをお受けし、ひとり好悪を言わないのみか、これこそ真に自己を生かすゆえんとして、その最善を尽くすべきだと思うのであります。　【13】

5日 自己の天分を発揮する①

自己の天分を発揮するということですが、この天分の発揮ということは、実は単に自分のことだけを考えていたんでは、真実にはできないことであります。すなわち人間の天分というものは、単に自分本位の立場でこれを発揮しようとする程度では、十分なことはできないものであります。【56】

6日 自己の天分を発揮する②

ではどうしたらよいかというに、それには、自分というものを越えたある何物かに、自己をささげるという気持がなければ、できないことだと思うのです。【57】

7日　立志をもって根本とする①

私は、人生の真の出発は、志を立てることによって始まると考えるものです。古来、真の学問は、立志をもってその根本とすと言われているのも、まったくこの故でしょう。人間はいかに生きるべきであるか、人生をいかに生き貫くべきであるかという一般的真理を、自分自身の上に落として来て、この二度とない人生を、いかに生きるかという根本目標を打ち立てることによって、初めて私達の真の人生は始まると思うのです。

【291】

8日　立志をもって根本とする②

私は、志を打ち立てるところに、学問の根本眼目があると信じるものです。その他のすべての事柄は、要するにこの根本が打ち立てられるところに、おのずからにしてできてくるのです。

【292】

9日 真の志①

真の志とは、自分の心の奥底に潜在しつつ、常にその念頭に現れて、自己を導き、自己を激励するものでなければならぬのです。

【296】

10日 真の志②

書物を読んで感心したり、また人から話を聞いて、その時だけ感激しても、しばらくたつとケロリと忘れ去るようでは未だもって真の志というわけにはいかないのです。

【296】

11日　感激の永続は難しい

諸君らも、かような（注：感動的な）話を聞かされた場合にはそれに感激もし、またその場では一応決心もされるでしょう。しかし一旦その場を去れば、多くはたちまち忘れてしまって、その感激は永続しがたいだろうと思うのです。それというのも、人間というものは、単に受身の状態で生じた感激というものは、決して永続きのしないものだからであります。【50】

12日　その場かぎりの感激

いかに立派な教えを聞いても、「ハハアなるほど」とその場では思っても、それが単にその場かぎりの感激に終わって、一度教場を出ればたちまち元の木阿弥に返ってしまうようでは、何年学校に行ったところで、ただ卒業という形式的な資格を得るだけで、自分の人格内容というものは、一向増さないわけです。【400】

13日 四十までは修行時代

人間は四十までは、もっぱら修行時代と心得ねばならぬということです。現に山登りでも、山頂まではすべてが登り道です。同様に人間も、四十歳まではいわゆる潜行密用であって、すなわち地に潜んで自己を磨くことに専念することが大切です。【43】

14日 六十以後が勝負

人間というものは、自分のかつての日の同級生なんかが、どんな立派な地位につこうが少しもあわてず、悠々として、六十以後になってから、後悔しないような道を歩む心構えが大切です。知事だの大学教授だのと言ってみたところで、六十をすぎる頃になれば、多くはこれ恩給取りのご隠居さんにすぎません。【140】

15日 後半生を何に捧げるか

人間は自分の後半生を、どこに向かって捧ぐべきかという問題を、改めて深く考え直さねばならぬ。その意味において私は、もう一度深く先人の足跡に顧みて、その偉大な魂の前に首を垂れなければならぬ、と考えるようになった。【362】

16日 修養の手始め

諸君らも身内の者について人に話す場合には、敬称をつけないのです。たとえば諸君が自分のお父さんのことは、「私の父は」と言って「お父さんは――」とは言わないのです。つまりさん付けにしないのです。それから「君」とか「僕」という言葉は、同輩または目下のものに対する言葉で、自分より目上の人に対しては、使わないのが普通です。以上のことは、諸君らの修養の手始めとして、真先きに矯正しなくてはならない事柄です。【75】

17日 欠点に気付く

人間というものは、自分の欠点に気付き出した時、ある意味では、すでにその欠点を越えようとしつつあるといってもよいでしょう。【238】

18日 教師の資格

真に人を教えるというには、自ら自己の欠点を除き得た人、あるいはむしろ常にわが欠点を除去しようと努力しつつある人にして、初めてできることでしょう。【499】

19日 教科書では事足りぬ

今諸君らが、将来ひとかどの人間になろうとしたら、単に学校の教科書だけ勉強していて、それで事すむような姑息低調な考えでいてはいけないと思うのです。【67】

20日 教えと経験

人間は学校で教わることは、ちょうど地下工事に当たります。その上に各人が独特の建物を建てねばなりません。その建物のうち、柱は教えであって壁土は経験です。【134】

21日 苦労の用①

同一のものでも、苦労して得たのでないと、その物の真の値打は分からない。【134】

22日 苦労の用②

焼き芋は、火が通らないとふっくり焼けない。人間も苦労しないとあくが抜けません。【134】

23日　独立独歩の人間

私は、本校の生徒諸君に対して「諸君は将来立派な先生になりなさい」とは、あまり言わないつもりです。本を読まないで、ただ立派な先生になれと言っただけでは、卒業後二、三年もたつと、もう干からびて来るからです。ですから私の平素申していることは「常に書物を読んで、卒業後独力で自分の道を開いていけるような人間にならねばならぬ」ということです。【138】

24日　自立の覚悟を養う

高等小学では、「一刻も早く親のすねかじりから脱して、自立する覚悟をさせる」ということが大切です。これが教育の第一歩です。それ故どんな教課においても、最後のところはそこへ落としておかねば、真のとどめは刺さらぬでしょう。【140】

25日 充実した生活

日常生活を充実したものにするとは、一体何なのかと言えば、これを最も手近な点から言えば、結局自己のなすべき仕事を、少しの隙間もおかずに、着々と次から次へと処理して行くことだと言ってもよいでしょう。

すなわち、少しも仕事を溜めないで、あたかも流水の淀みなく流れるように、当面している仕事を次々と処理していく。これがいわゆる充実した生活と言われるものの、内容ではないでしょうか。【176】

26日 仕事の意義を知る

自分のなすべき仕事の意味をよく知り、その意義の大きなことがよく分かったら、仕事は次つぎと果たしていかれるはずであって、そこにこそ、人間としての真の修養があるとも言えましょう。否、極言すれば、人生の意義などといっても、結局この点を離れては空《くう》となるのではないでしょうか。また実にそこまで深く会得《えとく》するのでなければ、仕事を真にとどこおりなく処理していくことは、できまいと思うのです。【176】

27日 目下への謙遜

謙遜は、ひとり目上の人とか、ないしは同輩に対して必要なばかりでなく、むしろそれらの場合以上に、目下の人に対する場合に必要な徳目だとも言えましょう。【205】

28日 目下の人の信頼を得る

人間というものは、自分より目下の人から、思いやりのある人と慕われるような人間になるということ、必ずしも容易なことではないわけです。これは立場をかえて、諸君ら自身が下級生から見られた場合、果たして懐かしまれ尊敬せられているか、それとも煙たがられているかということを、一つ自惚《うぬぼ》れ心を去って考えてみるがよいでしょう。【220】

29日 尊敬する人は尊敬される人

人々から尊敬されるような人は、必ず自分より優れた人を尊敬しているものです。

【486】

30日 親切を受ける

人の親切に対しては、いい気になって甘えたりして、もたれてもいけないが、さりとてむげにこれを退けるのも本当ではない。そこで人様の親切は、ありがたくお受けするということが大切でしょう。ところが、このお受けするということは、自己が確立していないとなかなかできないことです。

【388】

5月

つらぬくものを

1日 自己の成長を求める

自己を人間的に成長させることを考えない限り、内面的には現在すでに下り坂にある。【38】

2日 本物は持続する

人間の決心覚悟というものは、どうしても持続するものでないと本物ではなく、真に世のため人のためには、なり得ないのであります。【51】

3日　導きの光

そもそも人間界のことというものは、一人の人間が自己に与えられた職責に対して、真に深く徹していったならば、その足跡は必ずや全国各地の同じ道を歩んでいる幾多の人々の参考となり、その導きの光となるはずであります。

【58】

4日　叡智の源

真の叡智《えいち》とは、自己を打ち越えた深みから射してくる光であって、私達はこの光に照らされない限り、自分の真の姿を知り得ないのであります。

【80】

5日 希望

人間は、自分一人の満足を求めるチッポケな欲を徹底的にかなぐり捨てる時、かつて見られなかった新たな希望が生まれ出るものです。【88】

6日 無量の生命への感慨

親は何故に大切にしなければならぬのでしょうか。それはわがこの生命を生み、かつ今日にまで育ててくれた大恩があるからです。しかもわれわれは、このようにひとりわが一身のみならず、わが生命の親たる父母も、またその親たる祖父母も、無窮《むきゅう》の祖先から子々孫々に至るまで、無量の生命が存続して、今日に及んでいるのであって、ひと度《たび》このことを考える時私達は、無限の感慨に打たれずにはいられないのです。【312】

7日　偉人の教えを反芻《はんすう》する

とかくわれわれ凡人は、偉人の教《おしえ》というものを、常にわが身から離さないようにしていないと、わが身の反省ということも、十分にはできがたいものであります。ところが反省をしないと、せっかくの燃料としてのこれらのものも、ただ汚いまま、臭いままで終わってしまいます。【324】

8日　全力で迫る

尊敬するということは、ただ懐手で眺めているということではなくて、自分の全力を挙げて相手の人に迫っていくことです。地べたをはってにじり寄っていくように――です。つまり息もつけないような精神の内面的緊張です。薄紙一重もその間に入れないところまで迫っていく態度です。【487】

9日　本を読む

本を読む場合、分からぬところはそれにこだわらずに読んでいくことです。そうしてところどころピカリピカリと光るところに出合ったら、何か印を付けておくのもよいでしょう。そして一回読み終えたら、少なくとも二、三カ月は放っておいて、また読んでみるのです。そうして前に印を付けたところ以外にもまた、光るところを見つけたら、また新たに印を付けていく。そうして前に感じたことと、後に感じたことを比べてみるのは面白いものです。【137】

10日　読書の順序

読書の順序は、まず第一には、当代における第一流の人の本を読むこと、その次は古典です。当代の一人者級の人の世界を知らないで、古典を読むということは、私は考え物だと思います。【138】

11日 義務の読書は意味がない

書物というものは、義務意識で読んだんでは駄目です。義務意識や、見せびらかし根性で読みますと、その本の三分の一はおろか、五分の一の味も分からないでしまいます。【137】

12日 書物を撫でる

諸君、書物というものは、ただ撫《な》でるだけでもよいのです。ちょっとでも開いて見ればさらによろしい。それだけでも功徳《くどく》のあるものです。つまりそれだけその本に縁ができるからです。いわんや一ページでも読んだとしたら、それだけ楔《くさび》を打ち込んだというわけです。【137】

13日 自己の特色を出すべきか否か

自己の特色というものは、しいて特色を出そうとして出るものではありません。否、自分の特色を出そうということが、あまりに意識的になりますと、かえって変な厭味《いやみ》なものになりましょう。また故意に早くから、意識的に特色をつくろうとしますと、とかく大きな発展は遂げにくいものであります。【189】

14日 まず自らに顧みる

すべて人間というものは、目下のものの欠点や足りなさというものについては、これを咎《とが》めるに先立って、果たしてよく教えてあるかどうか否かを顧みてみなくてはならぬのです。したがって目下の者の罪を咎め得るのは、教え教えて、なおかつ相手がどうしてもそれを守らなかった場合のことです。【480】

15日

卑屈と功利打算

　そもそも私達が、一つの徳目を真に徹底的に履《ふ》み行わんがためには、結局根本において、人格の転換を必要とすると言えましょう。たとえば人が傲慢に振舞うということは、畢竟するに、その人が調子に乗っているということであり、したがってそれは、一見いかにもえらそうにしていながら、実は人間のお目出たい何よりの証拠でありま す。つまり自分のそうした態度が、心ある人から見られて、いかに滑稽であるかということに気付かない愚かさであります。

　同時にまた卑屈ということは、一面からは、その人間のずるさの証拠とも言えましょう。何となれば、人間は卑屈の裏には、必ず功利打算の念が潜んでいると言ってよいからです。

【207】

16日 思いやりの心

思いやりの心というものは、人間の本性として、元来何人にも具《そなわ》っているはずですが、しかしそれをおおうているものがありますから、努力してそれを取り除かねばならぬのです。【220】

17日 真実に願うことは叶う

そもそも世の中のことというものは、真実に心に願うことは、もしそれが単なる私心に基づくものでない以上、必ずやいつかは、何らかの形で成就《じょうじゅ》せられるものであります。このことは、これを信ずる人には、必然の真理として実現するでしょうし、これを信じない者には、単に一片の空言《そらごと》として終わるのです。【298】

18日　不幸の中にある教訓

不幸というものは、なるほど自分も不幸と感じ、人もまたそれを気の毒、哀れと同情する以上、一応たしかに不幸であり、損失であるには違いないでしょう。しかしながら、同時にまたよく考えてみれば、かつては自分が不幸と考えた事柄の中にも、そこには、この人の世の深い教訓のこもっていたことが次第に分かってくるという場合も、少なくないでしょう。【436】

19日　プラス・マイナスは裏表

人生の事すべてプラスがあれば必ず裏にはマイナスがあり、表にマイナスが出れば、裏はプラスがあるというわけです。実際神は公平そのものですが、ただわれわれ人間がそうと気付かないために、表面、事なきものは得意になって、自ら失いつつあることに気付かず、表面不幸なものは、その底に深き真実を与えられつつあることに気付かないで、いたずらに歎き悲しみ、果ては自暴自棄にもなるのです。【437】

20日 生命力の弱さがもたらすもの

人間が嘘をつくというのは、生命力が弱いからでしょう。勤勉でないというのも、生命力の弱さからです。また人を愛することができないというのも、結局は生命力の弱さからです。怒るというのは、もちろん自己を制することのできない弱さからです。沢庵石は重いからこそよいので、軽くては沢庵石にはなりません。自己を制することができないというのも、畢竟するに生命力の弱さからです。

【487】

21日 真剣さの欠如

自分がこの世の中へ人間として生まれて来たことに対して、何ら感謝の念がないということは、つまり自らの生活に対する真剣さが薄らいで来た何よりの証拠とも言えましょう。

【21】

22日　敬について

敬とはどういうことかと申しますと、それは自分を空《むな》しうして、相手のすべてを受け入れようとする態度とも言えましょう。ところが相手のすべてを受け入れるとは、これを積極的に申せば、相手のすべてを吸収しようということです。

ところが、相手のすべてを吸収しようとすることとは、これをさらに積極的に申せば、相手の一切を奪わずんば已まぬということだとも言えましょう。ですから真に徹底した敬というものは、生命の最も強い働きに外ならぬわけです。

【483】

23日　人を敬う

世間では、人を敬《うやま》うということは、つまらないことで、それは意気地のない人間のすることででもあるかのように、考えられているようですが、これは大間違いです。それというのも、自分の貧寒なことに気付かないで、自己より優れたものに対しても、相手の持っているすべてを受け入れて、自分の内容を豊富にしようとしないのは、その人の生命が強いからではなくて、逆にその生命が、すでに動脈硬化症に陥って、その弾力性と飛躍性とを失っている何よりの証拠です。

【484】

24日 弾力のある人間になる

諸君も今から気をつけて、弾力のある人間にならなければ駄目です。ところで弾力のある人間になる最初の着手点は、何といってもまず読書でしょう。ですから、若いうちから努めて良書を読むことです。また若いうちは、文学や詩歌など大いに読むがよいでしょう。また短歌や俳句などに趣味を持つことも大切です。【39】

25日 人生の峠路

諸君たちは、その欲すると欲せざるとにかかわらず一日一日、否、一刻々々、この人生の峠路に向かって歩みつつあるのであり、実はその一歩々々が、諸君らの方向を決定しつつあるわけです。【43】

26日 現実という絶壁に坑道を開く

人生の現実という絶壁に向かって、一つの坑道を切り開こうとする者は、単に世の中の外面上の地位の高下に眼をうばわれて、登れたら一段でも上へ登ろうというような考えを、一擲《いってき》しなければならない。【99】

27日 自分の道を切り開く

上級学校へ行ける人は、大いに行くがよろしいが、上級学校へ行けないからと言って、決して失望は無用です。いわんや落胆をやです。さらにいわんや、自暴自棄に陥るにおいてをやです。人間の真の強さというものは、このような場合に、決然として起ち上がって、自分の道を雄々しく切り開いていくところにありましょう。【101】

28日 死後に名が残る人

死後にその名が残るということは、その人の精神が残るということです。では一体どういう人が死後にもその名が残るかといいますと、生前国のために尽くす心が深くて、死んでも死に切れないという思いに、その一生を送った人でしょう。すなわち、その人の国をおもい世をおもうその思いの深さが、名という形をかぶって、死後にまで生きのびるわけです。

【88】

29日 日本人としての最高の生き方

そもそも日本人としての最高の生き方は、結局は自分のこの肉体が解体してからも、なお国家社会のために、何らかの意味で貢献し得るような生き方をするということでしょう。すなわちこの肉体が消え失せた後にも、なおその人がその生前においてなした事柄が、多くの人々の心を動かして、国家社会のために尽くさすような力を持つと言うことでしょう。

【258】

30日　一道をひらく

一道をひらくということは、それによって自分自身が救われると共に、さらに後に来る同じ道をたどる人々に対して、その行く手を照らすという意味がなければならぬと思うのです。

すなわちわれわれ人間は、真に自己の生活に徹して生きた時、一人自分がその職責を全《まっと》うし得るのみならず、さらに同じ職域にいる他の人々に対しても、何らかの意味で、お役に立つことができるのであります。

【116】

31日　常に前途に思いを巡らす

人間というものは、ただ将来のことばかりを考えて、そのために現在の事をおろそかにすることのよくないことは、申すまでもありませんが、同時に他の一面には、常に前途に対して、思いを巡らしているようでなければいけないと思うのです。

【104】

6月

一到

1日 人生の歩み方①

人間の活動を大体六十歳頃までと考えますと、そのうち二十歳までは志を立てる時代と言ってよく、すなわち将来国家社会のために役立つ人間になろうという志は、十五歳頃から、遅くとも二十歳までには確立せねばならぬのです。

そしてそれから以後の二十年は、いわば準備期と言ってもよいでしょう。【44】

2日 人生の歩み方②

同時にこの二十歳から四十歳までの二十年間の準備のいかんが、その人の後半生の活動を左右すると言ってよいでしょう。それはいわば花火の玉を作るようなもので、どんな花火が出るかは、まったくその準備期中の努力のいかんによって決まることです。

かくして四十代と五十代という、人間の仕上げ期の活動は、それまでの前半生において準備したところを、国家社会に貢献すべき時期であり、したがって四十歳までの準備が手薄ですと、四十歳以後六十までの活動も、勢い、薄弱とならざるを得ないわけです。【44】

3日　人間の三段階

すべて物事は、三段階に分けて考えることができましょうが、この場合、最もいけないのは、口汚く叱りながら、後になっても、一向悪かったと思わない人間でしょう。

次は事がすんでしまってから、「アアまで言わなくてもよかったのに」と後悔する人間。

その次は、怒りの言葉が出そうになったその瞬間「アッここだ!!　ここだ!!」と喰い止める人間というふうに、大別してこの三種に岐《わか》れるでしょう。

そして最後の、まさに怒ろうとするに先立って「イヤイヤここだ!!　ここだ!!」と自ら制し得る人、これはよほど修養の至った人でないと、なかなかそこまではいけないですね。【395】

4日 忍の極致

ある一人のお弟子が、梅岩先生に「忍ということの極致はどういうものでしょうか」とお尋ねしたところ、梅岩先生答えて曰《いわ》く「忍は忍なきに至ってよしとす」と言われております。すなわち忍耐の理想は「やれ我慢する」の「やれ忍耐する」のという意識がなくなって、それが何でもない、至極当たり前となるのが理想だと言われたのです。

これは、いかにもそれに相違ないですナ。実に千古の名言と言うべきでしょう。【396】

5日 自分の位置を知る

われわれ人間は、一足飛びに二階へは上がれないように、結局は一つ一つ階段を登っていく外ないでしょう。そして最も大事な点は、現在自分の立っている段階は、全体の上から見て、おおよそ何段目くらいかということを、はっきり自分で承知しているということでしょう。【396】

6日 学校のみにたよらず

なるほど学校には、学校独持の長所のあることは申すまでもありません。しかしながら、人は決して学校だけで完成されるものではないのです。人間としての深みや味わいは、学校のみにたよらず、常に他の半面、自ら自己を築いていく覚悟によって得られるものです。【402】

7日 自修の人

とにかく人間は、「自己を築くのは自己以外にない」ということを、改めて深く覚悟しなければならぬと思います。すなわち、われわれの日々の生活は、この「自分」という、一生に唯一つの彫刻を刻みつつあるのだということを、忘れないことが何より大切です。そしてこれすなわち、真の「自修の人」と言うべきでしょう。【402】

8日　時間はつくるもの

諸君らのうちには、「今は学生時代で、しかし学科におわれて読書などできないが、しかしそのうちに卒業でもしたら、読書もするつもりだ」などとのんきなことを考えている人もあるようですが、しかし現在学科におわれて読書のできないような人に、どうして卒業後読書などできるはずがありません。【67】

9日　心にすが入らぬように

諸君らが今日忙しさに口実を求めて、何ら自発的な読書をしないということは、すでに諸君らの心にすが入りかけている何よりの証拠です。【65】

10日 人間の幅は読書で決まる

いやしくも自分の前途を展望して、将来ひとかどの人物になって活躍しようと思うなら、今日から遠大な志を立てて、大いに書物を読まねばならぬでしょう。それというのも、一人の人間の持つ世界の広さ深さは、要するにその人の読書の広さと深さに、比例すると言ってもよいからです。 【107】

11日 ヒントは書物の中に

諸君が将来何らかの事に当たって、必要の生じた場合、少なくともそれを処理する立場は、自分がかつて読んだ書物の中に、その示唆《しさ》の求められる場合が少なくないでしょう。つまりかつての日、内心の要求に駆られて読んだ書物の中から、現在の自分の必要に対して、解決へのヒントが浮かび上がってくるわけです。 【107】

12日 人間としての嗜《たしな》み

諸君らは、傘をさして歩く時は、斜に肩にもたせかけたりなどしないで、柄を垂直にしてさすものです。また天気になったらキチンと畳んで、柄の先が地面を引きずらないようにするのです。

なお、雨の降っている際に傘なしで歩く場合は、前かがみになったり、チョコチョコ走りをしないのです。これは『葉隠』という書物にも出ていることです。【136】

13日 人間の知恵

人間の知恵というものは、自分で自分の問題に気付いて、自らこれを解決するところにあるのです。教育とは、そういう知恵を身に付けた人間をつくることです。【134】

14日　気付きが支柱となる

人間は自ら気付き、自ら克服した事柄のみが、自己を形づくる支柱となるのです。単に受身的に聞いたことは、壁土ほどの価値もありません。【134】

15日　偉人は仕事上手

われわれ人間の生活は、ある意味ではこれを仕事から仕事へと、まったく仕事の連続だと言ってもよいでしょう。同時にその意味からは、人間の偉さも、この仕事の処理いかんによって決まる、とも言えるかと思うほどです。【175】

16日 仕事の処理は修養の中心

仕事の処理いかんに、その人の人間としての偉さのほどが、伺えるとさえ言えるほどであります。

実際われわれは、平生うっかりしていると、仕事の処理などということに、修養上の一つの大事な点があろうなどとは、ともすれば気付きがたいのでありますが、事実は必ずしもそうではないのです。否、真の修養というものは、その現れた形の上からは、ある意味ではこの仕事の処理という点に、その中心があるとさえ言えるほどです。

【175】

17日 寡兵をもって大敵に向かう

仕事の処理ということは、いわば寡兵《かへい》をもって大敵に向かうようなものであって、一心を集中して、もって中央突破を試みるにもひとしいのです。同時にまた広くは人生の秘訣も、結局これ以外にないとも言えましょう。実際あれこれと気が散って、自分がなさねばならぬ眼前の仕事を後回しにしているような人間は、仮に才子ではあるとしても、真に深く人生を生きる人とは言えないでしょう。

【179】

18日 こせつかない

すべて偉大なものは、自ら出来上がるものであって、あまりに早くからこせつきますと、大きな実りはできにくいものであります。

【189】

19日 ねばり

ねばりというものこそ、仕事を完成させるための最後の秘訣であり、同時にまたある意味では、人間としての価値も、最後の土壇場において、このねばりが出るか否かによって、決まると言ってもよいと思うほどです。

【492】

20日　不滅なる精神

われわれ人間は、その人の願いにして真に真実であるならば、仮にその人の肉体が生きている間には実現せられなくても、必ずやその死後に至って、実現せられるものであります。否、その志が深くて大きければ、それだけその実現には時を要して、多くはその肉体の死してのち、初めてその実現の緒《ちょ》につくと言ってもよいでしょう。そしてこれがいわゆる「不滅なる精神」、または「精神の不滅」と呼ばれるものであります。【299】

21日　真実は現出する

真実というものは、必ずやいつかは現れずにおかぬ。【452】

22日　負けじ魂を燃やせ

実際修養ということさえ、ある意味では負けじ魂がなければ、なかなかできるものではありません。その点からは、偉人とは道を履み行う上で、何人にも負《ひ》けをとるまいと、生涯覚悟して生き貫いた人と言ってもよいでしょう。【324】

23日　凝り性と意地

凝り性というのと意地というのとでは、必ずしも同じものとは言えない。それというのも凝り性というのは、自分の勉強なりその他何でも、自分の仕事に打ち込むことであるのに対して、意地という方は、そこに対他的な意味が含まれているからです。【321】

24日　苦労の注意点

苦労ということについて、気をつけねばならぬのは、なるほど人間は、苦労によってその甘さとお目出たさとはとれましょうが、しかしうっかりすると、人間がひねくれたり冷たくなる危険があるわけです。そこで苦労の結果、かような点に陥ることなく、しみじみとした心のうるおいと、暖みとが出るようになるためには、平素から人間の道というものについて深く考え、かつ教えを受けておかねばならぬと思うわけです。

【442】

25日　二種の苦労人

同じく苦労しながらも、その人の平生の心がけのいかんによって、そこにはまったく相反する結果が現れるということです。すなわち一方には、苦労したために人間の甘さとお目出たさはなくなったが、同時にそのために冷たい人間となり、えぐい人間となる場合と、今一つは、苦労したために、かえって他人の不幸に対しても、心から同情のできるような心の柔らかさや、うるおいの出る場合とです。そしてそれは結局、平素真の教えを聞いているか否かによって、分かれると言えましょう。

【443】

26日　思いつめる力

「自分もいつまでもこんなことをしていたんでは、大した教師にはなれないだろう。一端《いっぱし》の教育者となるには、何とかして現在のこの生温《なまぬ》るさを克服しなければならぬ」と、日夜思いつめるところがなくてはならぬのです。この思いつめる力そのものが、実は刻々に、自分に対して内面的な力を与え、それがやがてまた将来の飛躍への原動力となるのです。【238】

27日　教育の意義は立志に極まる

教育の意義は、この立志の一事に極まると言ってもよいほどです。故にまた真に志が立つならば、ある意味では、もはやしいて教え込む必要はないとさえ言えましょう。というのも真に志が立ったら、自分に必要な一切の知識は、自ら求めて止まないからであります。【92】

28日 充実した一日を生きる

一日を真に充実して生きるには、一体どうしたらよいかが問題でしょう。その秘訣としては私は、その日になすべきことは、決してこれを明日に延《のば》さぬことだと思うのです。

【505】

29日 人生の至楽

何よりもまず自分の仕事を果たす。そしてその上でなおゆとりがあったら、そこで初めて本を読む。これ実に人生の至楽というものでしょう。

【505】

30日　継続は力

永続きしないものは決して真の力となるものではありません。【50】

7月

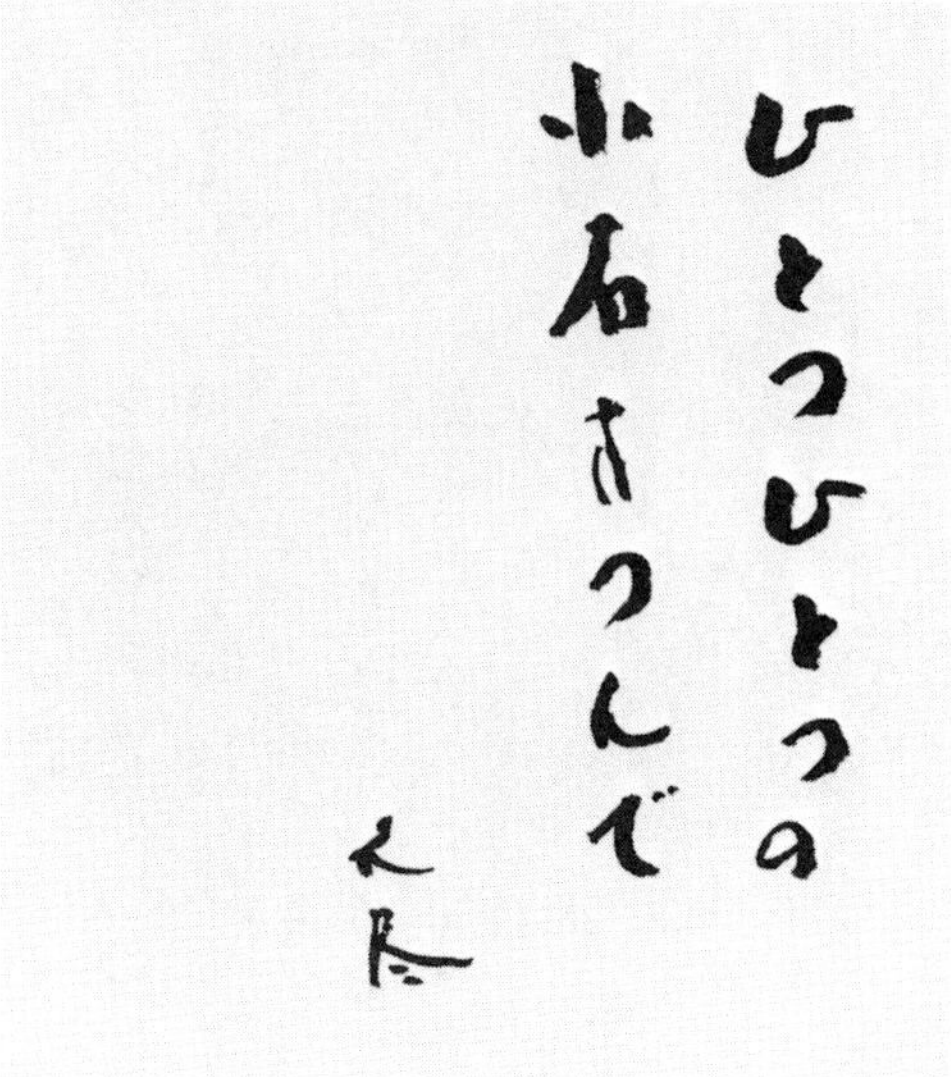

ひとつひとつの
小石をつんで

1日 言葉の真相

そうじて言葉というものは、単に外側からながめている程度では、決してその真相の分かるものではありません。すなわち言葉の真相は、どうしても、自分の体をそれにぶつけてみないことには、真の意味というか味わいは分からないものなのです。

【84】

2日 気分とは妙なもの

人間の気分というものは妙なもので、一杯いや半杯のご飯でも、その足りないことを他人のせいにしている間は、なかなか我慢のしにくいものです。ところが心気一転して、「どの程度こらえることができるか、一つ試してみよう」と、積極的にこれに対処するとなると、それ程でもないものです。

【84】

3日　言葉の深さ

お互いに常に耳馴れている言葉というものは、実は曲者《くせもの》であって、耳馴れた言葉が、常に新鮮な響きをもってわが心に響くということは、よほど優れた人で、常に進んで息《や》まない人でなければ、容易に至り得ない境涯と言ってもよいでしょう。ですからわれわれの多くは、このような境涯には至り得ないで、単に耳馴れ聞き古したこととして、深くは心にもとめないのが、常だと言えましょう。したがってそこに新たなる響きを聞き、その深さに驚くことを忘れがちであります。【35】

4日　人間は井戸のようなもの

人間の力にはそれぞれ限度があるとも言えますが、同時にまた他面からは、際限がないとも言えるのです。

それはちょうど井戸水みたいなもので、なるほど一方には、水のよく出る井戸もあれば、また出のよくない井戸もあると言えましょう。しかし実際には、水をかい出して、もう出なくなったと思っても、しばらくすればまたちゃんと元のように溜っているのです。人間の力もまあそんなもので、もうこれ以上はやれないと思っても、その人にして真に精進の歩みを怠らなければ、次つぎと先が開けてくるものであります。【52】

5日　生命の種子をまく

われわれ教師としては、生徒の素質のいかんを言う前に、まず生命の種子を相手の心の中へまき込むことです。生命の種子をまくとは、自分の全信念を傾けて教えるということです。

【247】

6日　この現実の大野に

教育とは、結局人間を植えることであり、この現実の大野に、一人びとりの人間を植え込んでいく大行なのです。それがいかに荘厳な事実であることか。それは達識明眼の人でなければ、真の洞察はできないかも知れません。

【126】

7日 人間の本懐

われわれの学問の目的は、「国家のためどれだけ真にお役に立つ人間になれるか」ということです。どれほど深く、またどれほど永く――。人間も自分の肉体の死後、なお多少でも国家のお役に立つことができたら、まずは人間と生まれてきた本懐《ほんかい》というものでしょう。【140】

8日 常に志とともにあれ

いやしくも、ひとたび真の志が立つならば、それは事あるごとに、常にわが念頭に現れて、直接間接に、自分の一挙手一投足に至るまで、支配するところまでいかねばならぬと思うのです。【296】

9日　性欲の問題①

性欲の萎《な》えたような人間には、偉大な仕事はできないと共に、またみだりに性欲を漏《も》らすような者にも、大きな仕事はできないということであります。

【162】

10日　性欲の問題②

すなわち人間の力、人間の偉大さというものは、その旺盛な性欲を、常に自己の意志的統一のもとに制御しつつ生きるところから、生まれてくると言ってもよいでしょう。かくして初めてそこに、人間としての真の内面的な弾力を生ずるわけであります。

【162】

11日　失敗を最善に生かす

すべて偉人というものは、後悔しないもののようであります。現に宮本武蔵なども、その『五輪之書』において「われ事において後悔せず」と言っているのです。そこで諸君らも一つ、後悔しないような人間になって戴きたいものです。それにはいかなる失敗も、必ずやこれを最善に生かすという心がけが大切でしょう。失敗を成功以上に生かす人間こそ、真に畏《おそ》るべき人間であります。【209】

12日　真実の教育

そもそも真実の教育というものは、自分の失敗とつまずきとを、後に来る人々に、再び繰り返さすに忍びないという一念から起こると言ってもよいでしょう。【310】

13日 真実の道

実は真実の道というものは、自分がこれを興《おこ》そうとか、あるいは「自分がこれを開くんだ」というような考えでは、真に開けるものではないようです。（中略）

では真実の道は、一体いかにして興るものでしょうか。それには、「自分が道をひらくのだ」というような一切の野心やはからいが消え去って、このわが身わが心の一切を、現在自分が当面しているつとめに向かって捧げ切る「誠」によってのみ、開かれるのであります。【250】

14日 無窮なる生命

人間というものは、その外面を突き破って、内に無限の世界を開いていってこそ、真に優れた人と言えましょう。同時にまたそこにこそ、生命の真の無窮性はあるのです。【302】

15日 下坐行①

われわれ人間も、どうしても真実を積まねばならぬわけですが、しかし事を積むには、まずその土台からして築いてかからねばなりません。では人間を鍛えていく土台は、一体どういうものかというに、私はそれは「下坐行《げざぎょう》」というものではないかと思うのです。【416】

16日 下坐行②

下坐行を積んだ人でなければ、人間のほんとうの確かさの保証はできないと思うのです。たとえその人が、いかに才知才能に優れた人であっても、またどれほど人物の立派な人であっても、下坐を行じた経験を持たない人ですと、どこか保証しきれない危なっかしさの付きまとうのを、免れないように思うのです。【417】

17日 知りにくい自己を知る

お互い人間というものは、自分の姿が一ばん見えないものであります。したがって私達の学問修養の眼目も、畢竟するに、この知りにくい自己を知り、真の自己を実現することだと言ってもよいでしょう。【404】

18日 ホンモノとニセモノ

真実なものと、そうでないもの、ホンモノとニセモノとは、平生は一向にその相違は見えなくても、一たん事が起きると、まごうかたなくその相違が現れるものです。そこでホンモノとニセモノとの相違は、かように事が起きるとか、あるいはまた永い年月がたつか、そのいずれかによって、必ずはっきりしてくるものです。【416】

19日　出処進退でわかる人の真価

すべて物事は、平生無事の際には、ホンモノとニセモノも、偉いのも偉くないのも、さほど際立っては分からぬものです。ちょうどそれは、安普請の借家も本づくりの居宅も、平生はそれほど違うとも見えませんが、ひとたび地震が揺れるとか、あるいは大風でも吹いたが最期、そこに歴然として、よきはよく悪しきはあしく、それぞれの正味が現れるのです。同様にわれわれ人間も、平生それほど違うとも思われなくても、いざ出処進退の問題となると、平生見えなかったその人の真価が、まったくむき出しになってくるのです。【430】

20日　生き甲斐、生まれ甲斐

われわれ人間にとって、人生の根本目標は、結局は人として生をこの世にうけたことの真の意義を自覚して、これを実現する以外にない。そしてお互いに、真に生き甲斐があり生まれ甲斐がある日々を送ること以外にはない。【17】

21日

階段を登る工夫①

さらさらと

諸君は階段を昇るとき、まるで廊下でも歩くように、さらさらと登る工夫をしてごらんなさい。というのも人間の生命力の強さは、ある意味ではそうしたことによっても、養われると言えるからです。

階段の途中に差しかかって、急に速度がにぶるようでは、それはその人が、心身ともにまだ生命力の弱い証拠と言ってもよいでしょう。と申すのも、この場合階段というものが、やがてまた人生の逆境にも通ずると言えるからです。

【502】

22日

階段を登る工夫②

さりげなく

この辺の趣《おもむき》が分からなくては、その人の人生もまだ本格的に軌道に乗ったとは言えないでしょう。そこでまたお互い人間は、逆境の時でも、はたの人から見て、苦しそうに過ごすものではないとも言えましょう。つまり階段の途中まできても、平地を歩くと同じような調子で登るのと同じように、人生の逆境も、さりげなく越えていくようにありたいものです。

【502】

23日 階段を登る工夫③ 日々の準備

　しかしそのためには、非常な精神力を必要とするわけです。階段をさらさらと登るには、二倍の力ではなお足りないでしょう。少なくとも三倍以上の、心身の緊張力を持たねばできない芸当です。

　同時にここに人生の秘訣もあるわけです。つまり人間というものは、ある意味では常に逆境に処する心の準備をしていなくてはいけないのです。もう一つ突込んで言えば、人間は毎日逆境に処する際の心構えをしていなくてはいけないとも言えましょう。それが先ほど申したように、階段を昇る際の呼吸ともなるわけです。【502】

24日 生への感謝

　現代の人々は、自分が人身を与えられたことに対して、深い感謝の念を持つ人ははなはだ少ないようであります。仏教には「人身うけがたし」というような言葉が昔から行われているのです。つまり昔の人たちは、自分が人間として生をこの世にうけたことに対して、衷心《ちゅうしん》から感謝したものであります。【21】

25日 道の上の友

友人関係において、真に尊敬するに足る友人とは、結局は道の上の友ということでしょう。したがって道の上の友ということになると、結局は師を共にする場合が多いと言えましょう。つまり同門の友というわけです。【71】

26日 友情

友情の最も深く感ぜられるのは、何と言っても道を同じくし、師を共にする同門の友との間柄でしょう。というのも、その時そこで語り合う問題は、決して単なる世間話ではなくて、常に人生の問題であり、道の問題だからであります。【72】

27日 歩き方と人間の格①

人間いつまでも、ああいうふうに歩いているようでは駄目ですね（この時、授業時間中にもかかわらず、廊下をペタペタと、スリッパを引きずってゆく生徒の足音が、騒々《そうぞう》しく聞えてくる）。内でこう言われているとも知らないで、ご本人は平気でいるんです。ああいう調子で、いくら剣道をやるといっても、たいした者にはなれないでしょう。いわんや教師となって、一かどの人物になるはずがありません。

【458】

28日 歩き方と人間の格②

同じく走るのでも、場合によっては音をたてないように走らないといけません。人間もそういうふうに、心が冴えて来ないといけません。しかし十八、九や二十くらいの頃は、まだあれでもよいですが、人間も三十、四十になって、なお、パタパタと廊下を音立てて歩いていたんではもうお終いです。いい年をしながら、そんなことでは、実際何のために人間に生まれて来たか分からぬことになります。

【458】

29日 前進あるのみ

生きている間は、一瞬の油断もなく、進みに進まねばならぬのです。これ真実の生活というものであり、すなわちまた誠に外ならぬわけです。【251】

30日 持ち味を生ずる

一人の人間が、永い歳月にわたって明けても暮れても、常に心の底に持ちつづけて研究したことというものは、そこに一種独特の持ち味を生ずるものであります。【192】

31日

人間をつくる三つの要素

人間というものは、これを大きく分けると、だいたい血、育ち及び教えという三つの要素からでき上がると言えましょう。

【144】

8月

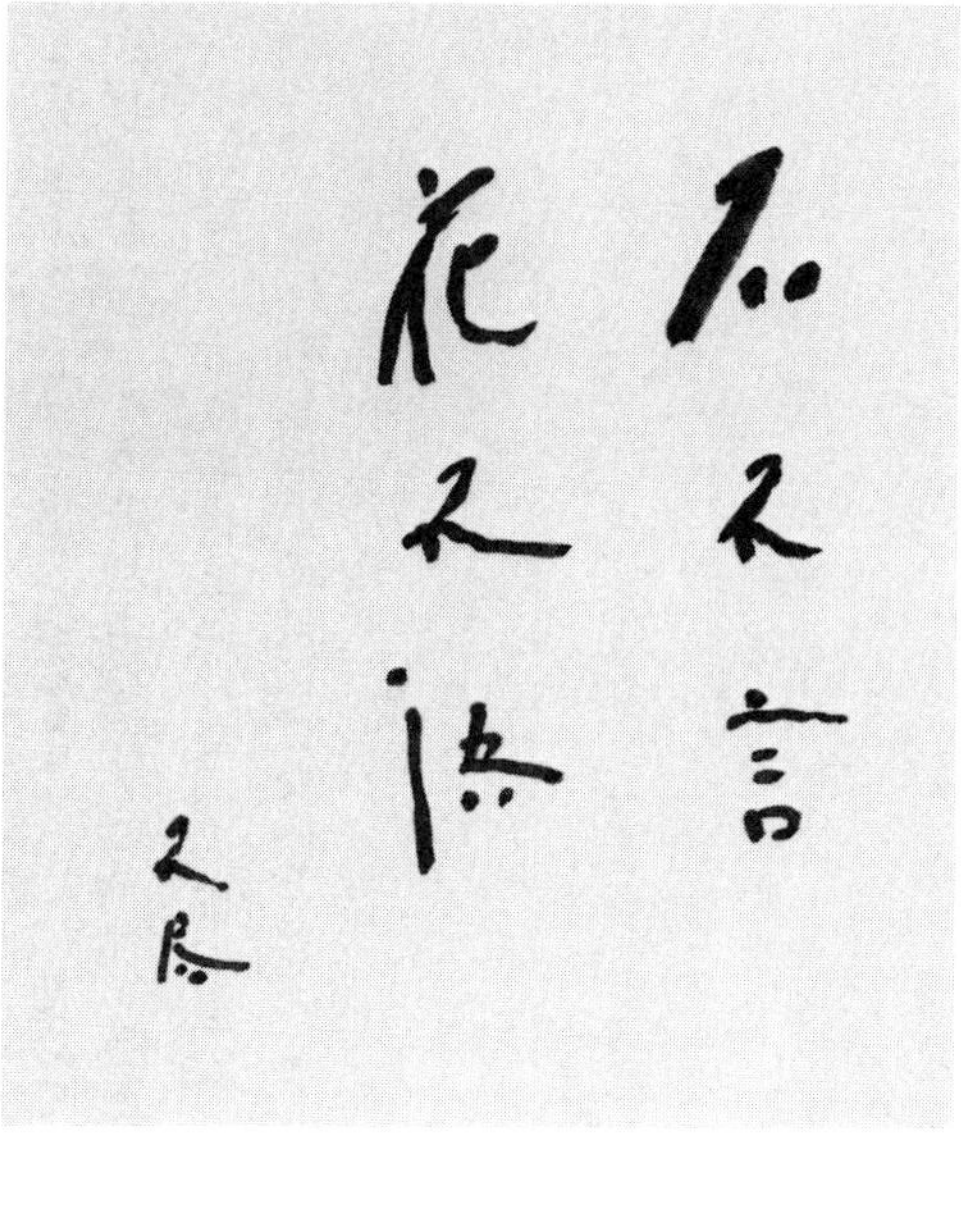

石不言
花不語

1日 人生の意義①

ローソクを燃やし尽くす

人生の意義とは、たとえて申せば、ここに一本のローソクがあるとして、そのローソクを燃やし尽くすことだとも言えましょう。【51】

2日 人生の意義②

力の一切を出し切る

自分が天からうけた力の一切を、生涯かけて出し切るところに、初めて、小は小なりに、大は大なりに、国家社会のお役にも立ち得るわけで、人生の意義といっても、結局この外にはないと言えましょう。【52】

3日　準備は永く、味わうは一時

すべて物事というものは、これを準備するには、随分と永い時間を要するものですが、さて一たびそれを見るとか味わうとかいうことになりますと、それを準備するに要した時間の幾分の一にも足りない短時間に、否、時にはそれ以上ですんでしまうものであります。

【45】

4日　人間の有限性

人間は生まれると同時に、自覚の始まるわけではない。それどころか、人間が真の自覚を発するのは、人生の三分の一どころか二分の一辺まで生きないと、できないことのようです。そしてここに、人間の根本的な有限性があるわけです。

【134】

5日　先人の足跡をたどる

真に大志を抱く限り、そしてそれを実現しようとする以上、何よりもまず偉人や先哲の歩まれた足跡《そくせき》と、そこにこもる思想信念のほどとを伺わざるを得ないでしょう。

すなわち自分の抱いている志を、一体どうしたら実現し得るかと、千々《ちぢ》に思いをくだく結果、必然に偉大な先人たちの歩んだ足跡をたどって、その苦心の後を探ってみること以外に、その道のないことを知るのが常であります。ですから真に志を抱く人は、昔から分陰《ふんいん》を惜しんで書物をむさぼり読んだものであり、否、読まずにはおれなかったのであります。

【63】

6日　後からくる人のために

一人の人間がその生涯をかけて切り開いた道というものは、単にその人一人にとどまることなく、後からくる幾多の人々がその恩恵に浴するのであります。

【102】

7日 良木を仕立てる

種子のまきっ放しで、世に良木《りょうぼく》になったためしはないのです。良木を仕立てるには、どうしてもまいた種子に、種々手入れをしなければならぬでしょう。【126】

8日 まず読書、次に実践

誠実と言っても、真の内面的充実がなくては駄目です。人間も単に生まれつきの「人のよさ」というだけでは足りないのです。うっかりすると、その人の無力さを示すだけです。ですから諸君らとしては、内面的な弾力のある人格を築かねばならぬ。それには何と言ってもまず読書です。そして次には実践です。【138】

9日　真の修養

真の修養というものは、単に本を読んだだけでできるものではなくて、書物で読んだところを、わが身に実行して初めて真の修養となるのです。それゆえ書物さえ読まないようでは、まったく一歩も踏み出さないのと同じで、それでは全然問題にならないのです。

【358】

10日　真の良書

真の良書というものは、これを読むものに対して、その人の人生行路を決定していく意義を持つ。

【241】

11日 「報徳記」と「夜話」に学ぶ

極端に言えば、小中学校では尊徳翁の「報徳記」と「夜話」とを読ませれば、修身書はいらぬとも言えるほどです。教科書を躬《み》をもって突き抜けていくだけの信念がなくては、何を言ってみたとて無駄なことです。【140】

12日 優れた実践の背後には

すべて優れた実践の背後には、必ずや常に一個の思想信念がある。【182】

13日 成形の功徳

すべて物事というものは、形を成さないことには、十分にその効果が現れない。同時にまた、仮に一応なりとも形をまとめておけば、よしそれがどんなにつまらぬと思われるようなものでも、それ相応の効用はあるものです。

【180】

14日 情熱と生命

そもそも人間というものは、情熱を失わない間だけが、真に生きていると言ってよいのです。内面的情熱の枯渇した時は、すなわち生命の萎縮した時と言ってよいのです。

【227】

15日　偉大さをつくる素材

人間の偉さというものは、大体二つの要素から成り立つと思うのです。すなわち一つは、豊富にして偉大な情熱であり、次には、かかる豊富にして偉大な情熱を、徹頭徹尾浄化せずんば已まぬという根本的な意志力であります。

かくして情熱というものは、人間の偉大さを形づくるところの素材であり、その基礎と言ってもよいでしょう。したがってまた始めから情熱のない干からびたような無力な人間は、いわば胡瓜《きゅうり》のうらなりみたいなもので、始めから問題にならないのです。

【336】

16日　真理の響きを語れ

諸君らも多少は会得したかと思いますが、他日小学校で修身を教える場合には、ただ教科書に書かれていることを型通りに教えるだけではだめです。そうではなくて、この自分というものが、教科書に示されている真理にぶつかって、そこにいかなる響きを発するか、それを語るのでなくては、生徒の心には響かないでしょう。

【396】

17日 感じたことが本物

人間が、真に自分の内容と言い得る世界は、ただ感ずることによってのみ得られる世界です。

【339】

18日 否定の価値

そもそも精神というものは、それが真に伸びるためには、必ずや何らかの意味において、一種の否定を通らねばなりません。すなわち、この否定という浄化作用、すなわち自己反省というものを通らずに伸びたのは、精神としては真に伸びたのではなくて、かえって度のすぎたものとして、結局欠点になるわけです。

【350】

19日

余韻を残す

いかに凡人といえども、その生涯を深い真実に生きたなら、必ずやその死後、何らかの意味でその余韻を残している。

【306】

20日

たった一人の情熱

すべて世の中のことというものは、一人の人の熱心さのいかんによって、事が運ぶという場合が少なくないようであります。

【412】

21日 無限の井戸

力というものは、一たんその気になり、決心と覚悟さえ立ったら、後からあとからと無限に湧いて来るものです。

それはちょうど、井戸に水の湧くようなもので、もう汲み出してしまったと思っても、いつの間にやらまた溜っているようなものです。

【475】

22日 世の中は公平なもの

世の中が不公平であるというのは、その人の見方が社会の表面だけで判断したり、あるいは短い期間だけ見て、判断したりするせいだと思うのです。

つまり自分の我欲を基準として判断するからであって、もし裏を見、表を見て、ずっと永い年月を通して、その人の歩みを見、また自分の欲を離れて見たならば、案外この世の中は公平であって、結局はその人の真価通りのものかと思うのです。

【448】

23日 苦しみのもとは「我」

同じく人生でありながら、一方にはこれを妙味津々《しんしん》として見る人もあるかと思えば、他方には、これを苦しみの連続と見る人もあるのは何故でしょうか。これはマア色々と考え方もありましょうが、一面から申せば、この人生が苦の世界と見えるのは、畢竟はまだ自分の「我」に引掛っているからでしょう。【461】

24日 自分の利害、他人の利害

ところで「我」に引掛っているとは、言い換えれば、常に自分の利害を中心にして、人のために尽くすということの分からない人間ということでしょう。つまり自分の利害はよく分かるが、他人の利害については、とんと気がつかぬというわけです。【461】

25日 真の面目を発揮する

今この真面目という字を、真という字の次に、「の」の字を一つ加えてみたらどんなものでしょう。そうしますと、言うまでもなく「真の面目」と読まねばならぬことになります。ところがこうなると、一つの新たなる展開となりましょう。すなわち真面目ということの真の意味は、自分の「真の面目」を発揮するということなんです。

【472】

26日 八のことに十の力で当たる

かくして真面目ということは、いわゆる無力な人間のお目出たさではなくて、最も男性的本格的な全力生活だということが分かりましょう。したがってこれを実行上の工夫から申せば、八つのことをするにも、常に十の力をもってこれに当たるということです。また十のことをやらねばならぬ場合には、まさに十二の力をもってこれに当たるということです。

【473】

27日　百二十点主義

常に自己の力のありったけを出して、もうひと伸し、もうひと伸《の》しと努力を積み上げていくんです。真面目とは、その努力において、常に「百二十点主義」に立つということです。

もしこの態度を確立したならば、人生の面目はすっかり変わって来るでしょう。【474】

28日　大欲の立場にたつ

人間が真に欲を捨てるということは、実は自己を打ち越えた大欲の立場にたつということです。すなわち自分一身の欲を満足させるのではなくて、天下の人々の欲を思いやり、できることなら、その人々の欲をも満たしてやろうということであります。【85】

29日 職責を通して道を体得する

われわれの国家社会に対する務めは、どこまでもその職分を通して行われる外ないわけですが、同時にまた他面、このような考え方に対しては、いかなる人間でも、ほとんど例外なく、何らかの職業についていない者のない以上、単に自分が一個の職業に従事していながら、しかもそこで会得したものが、広く同種類の職業に従事している多くの人々に対して、大きな慰めとなり、さらには激励となると言うに至って、初めて真に国家社会に尽くすものと言えましょう。

同時にこのような境地に達した人は、ある意味では、職責を通して道を体得した人とも言えるでしょう。【117】

30日　真の生活の始まり

私は常に思うのです。人間もこの自分という一微小存在すら、国家全体に対しては、代理人のない一個独自の任務の存することを自覚するに至って、初めてわれわれの真の生活は始まるわけだと。【113】

31日　最善観

「わが身に振りかかってくる一切の出来事は、自分にとっては絶対必然であると共に、また実に絶対最善である」【446】

9月

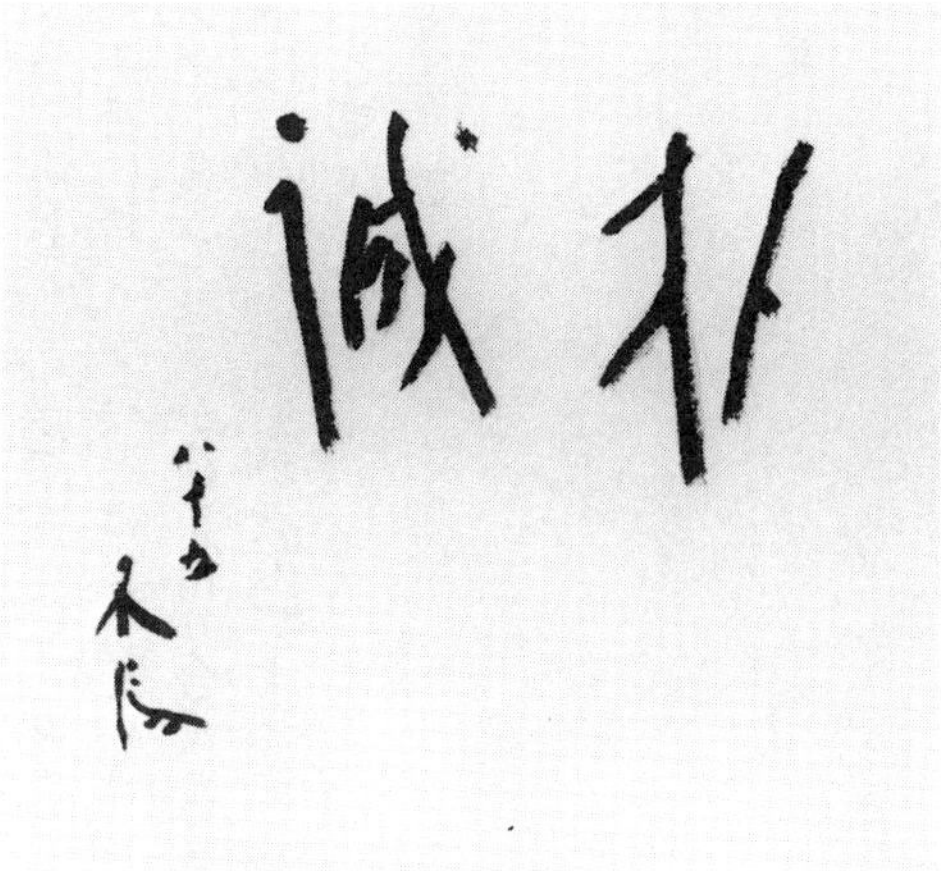

誠朴

1日 無量の鉱石を掘り起こす

お互い人間として最も大切なことは、単に梯子《はしご》段を一段でも上に登るということにあるのではなくて、そのどこか一ヵ所に踏みとどまって、己が力の限りハンマーをふるって、現実の人生そのものの中に埋もれている無量の鉱石を、発掘することでなくてはならぬ。【99】

2日 自己を築く道具とこつ

人間も自己を築くには、道具やこつが必要です。この場合道具とは読書であり、こつとは実行をいうのです。この二つの呼吸がぴったり合うところに、真の人間はでき上がるのです。【138】

3日 優れた師①

叱らずして悦服させる

本当に偉い方というものは、そうみだりに声を荒らげて、生徒や門弟を叱られるものではないのです。第一その必要がなかろうと思うのです。

大声で生徒を叱らねばならぬということは、それ自身、その人の貫禄の足りない何よりの証拠です。つまりその先生が、真に偉大な人格であったならば、何ら叱らずとも門弟たちは心から悦服《えっぷく》するはずであります。

【130】

4日 優れた師②

共に道を歩む

優れた師匠というものは、常にその門弟の人々を、共に道を歩む者として扱って、決して相手を見下すということをしないものであります。

ただ同じ道を、数歩遅れてくる者という考えが、その根本にあるだけです。ですから、自分一人が山の頂上に腰を下して、あとから登ってくる者たちを眼下に見下して、「何を一体ぐずぐずしているのか」というような態度ではないのです。

【131】

5日　四十歳

人生を山登りに喩《たと》えますと、四十歳はちょうど山の頂《いただき》のようなもので、山の頂に立って見ますと、わが来し方も、初めてしみじみと振り返って見ることができると共に、また後半生をいかに生きたらよいかということも、仄《ほの》かながら見え始めて来るようであります。

それはちょうど山登りにおいて山の頂に達すれば、わが来し方を遥かに見返すことができるとともに、また今後下り行くべき麓路も、大体の見当はつき始めるようなものです。

それ故《ゆえ》人間も四十歳前後になったならば、自分の一生について、大体の見通しがつきかけねばならぬと思うのです。【41】

6日　人生の分水嶺

人間も、三十五歳から四十歳にかけては、人生を二等分する分水嶺とも言うべき年齢であって、人間も四十の声を聞けば、かの一葉落ちて天下の秋を知るというように、落莫《らくばく》たる人生の秋風を身に感じ始める年配です。それというのも、四十の声を聞く頃には、たいていの人がまず肉体の秋を感じ始めるのが普通と言ってよいでしょう。ですから、人間も四十を超えてなおかつわが生命の愛惜《あいせき》に思い至らぬというようでは、よほどどうかしていると言われても致し方ないでしょう。

【310】

7日　魂の必然

敬うとは、自分より優れたものの一切を受け入れてこれを吸収し、その一切を奪いとって、ついにはこれを打ち越えようとする強力な魂の、必然的な現れと言ってもよいでしょう。

【484】

8日 気品

気品というものは、人間の修養上、最大の難物と言ってよい。それ以外の事柄は、大体生涯をかければ、必ずできるものですが、この気品という問題だけは、容易にそうとは言えないのです。【148】

9日 人格的価値の根本

人間の人格的な価値というようなものも、その人が、かようかようのことをしたとか、言ったとかいうことよりも、そうした見えるものを越えて香る気品の床《ゆか》しさにこそ、その根本はあると言えましょう。【331】

10日　雑務は心がつくる

雑務という言葉は、私達のよく耳にする言葉ですが、「一言もってその人を知る」とは、まさにこのような場合にも当てはまるかと思うほどです。それというのも、その人自身それを雑務と思うが故に雑務となるのであって、もしその人が、それをもって自分の修養の根本義だと考えたならば、下手な坐禅などするより、遥かに深い意味を持ってくるでしょう。【177】

11日　仕事の心がけ①

自覚

大切なことは、仕事の処理をもって、自分の修養の第一義だと深く自覚することでしょう。この根本の自覚がなくて、仕事を単なる雑務だなどと考えている程度では、とうてい真の仕事の処理はできないでしょう。【176】

12日 仕事の心がけ②
本末軽重

次に大切なことは、このような自覚に立って、仕事の本末軽重をよく考えて、それによって事をする順序次第を立てるということです。すなわち一般的には大切なことを先にして、比較的軽いものを後回しにするということです。

時には、軽いものは思い切って捨て去る場合もないとは言えないでしょう。捨て去る場合には、断乎として切って捨てるということが大切です。これ畢竟するに私欲を断つの道でもあるからです。同時に、このような私欲切断の英断が下せなければ、仕事はなかなか捗《はかど》らぬものです。【177】

13日 仕事の心がけ③
先後の順序

次に大切なことは、同じく大事な事柄の中でも、大体何から片付けるかという前後の順序を明弁するということです。この前後の順序を誤ると、仕事の処理はその円滑が妨げられることになります。そしてこの前後の順序を決めるには、実に文字通り明弁を要するのであります。理論を考える上にも、明弁ということが言えないわけではありませんが、しかし現実の実務における先後の順序を明らかにするに至って、文字通り明弁の知を要すると思うのです。【177】

14日 仕事の心がけ④

着手

次には、このように明弁せられた順序にしたがって、まず真先に片付けるべき仕事に、思い切って着手するということが大切です。この「とにかく手をつける」ということは、仕事を処理する上での最大の秘訣と言ってよいでしょう。【178】

15日 仕事の心がけ⑤

拙速主義

次に大切なことは、一度着手した仕事は一気呵成《いっきかせい》にやってのけるということです。同時にまたそのためには、最初から最上の出来映えを、という欲を出さないということです。すなわち、仕上げはまず八十点級というつもりで、とにかく一気に仕上げることが大切です。

これはある意味では拙速主義と言ってもよいでしょうが、このいい意味での拙速主義ということが、仕事の処理上、一つの秘訣と言ってよいのです。【178】

16日 時間の問題を解く

ほんとうの真面目な生活、すなわち全力的な生活に入るには、どうしても時間の無駄をしないということが、何よりも大切な事柄となるわけです。しかしこの時間の問題も、結局はその人の根本の覚悟いかんによって決まると言ってよいでしょう。すなわち人間は、人生に対する根本の覚悟さえ決まっていれば、わずかな時間も利用できるようになるものです。【475】

17日 睡眠の工夫

私は、夜遅くなったなと思うと、なるべく時計を見ないで寝ることにしています。でないと朝起きてから、「昨夜は何時間しか寝ていないんだから――」と、つい睡眠不足が気になって、余計に疲れるからです。つまり、われわれは時計を見て、人間はどうしても、八時間寝なければいけないように思っているのです。しかし睡眠も、いたずらに長いばかりが能ではなくて、深い眠りなら八時間眠らなくてよいのです。【386】

18日 人間をつくるもの

人間の精神的弾力というものは、書物と取り組む力によって鍛えられるものです。また人間のたしなみというものは、言葉を慎むところから始まるものです。【203】

19日 己を正しく保つ

謙遜ということは、わが身を慎んで己れを正しく保つということが、その根本精神をなすのであります。つまりいかなる相手に対しても、常に相手との正しい関係において、自己を取り失わぬということです。すなわち必要以上に出しゃばりもしなければ、同時にまた妙にヘコヘコもしないということであります。【206】

20日 謙遜は自己の確立から

人は真に謙遜ならんがためには、何よりもまず自己というものが確立している事が大切だと言えましょう。すなわち相手が目下であるからとて調子に乗らず、また相手が目上なればとて、常に相手との正しい身分関係において、まさにあるべきように、わが身を処するということです。

【206】

21日 真の誠

真の誠とは、その時その時の自己の「精一杯」を尽くしながら、しかも常にその足らざることを歎くものでなくてはならぬ。

【250】

22日 上位者に対する心得

上位者に対する心得の根本を一言で申しますと、「すべて上位者に対しては、その人物の価値いかんにかかわらず、ただその位置が自分より上だという故で、相手の地位相応の敬意を払わなければならぬ」ということでしょう。

【210】

23日 目下の人に対する心得

目下の人に対する心得の一つとして、目下の人だからといって、言葉遣いをぞんざいにしないように――ということでしょう。これはうっかりすると気付きにくい点ですが、大体人間の人柄というものは、その人が目下の人に対する場合の態度、とくにその言葉遣いによって分かるものであります。

【224】

24日 下坐を行ずる①

下坐行とは、自分を人よりも一段と低い位置に身を置くことです。言い換えれば、その人の真の値打よりも、二、三段下がった位置に身を置いて、しかもそれが「行」と言われる以上、いわゆる落伍者というのではなくて、その地位に安んじて、わが身の修養に励むことを言うのです。そしてそれによって、自分の傲慢心が打ち砕かれるわけです。すなわち、身はその人の実力以下の地位にありながら、これに対して不平不満の色を人に示さず、真面目にその仕事に精励する態度を言うわけです。

【417】

25日 下坐を行ずる②

世間がその人の真価を認めず、よってその位置がその人の真価よりはるかに低くても、それをもって、かえって自己を磨く最適の場所と心得て、不平不満の色を人に示さず、わが仕事に精進するのであります。これを「下坐を行ずる」というわけです。

【417】

26日 精神の死

人間も、読書をしなくなったら、それは死に瀕《ひん》した病人が、もはや食欲がなくなったのと同じで、なるほど肉体は生きていても、精神はすでに死んでいる証拠です。ところが人々の多くは、この点が分からないようです。【359】

27日 伝記の効能

偉人の伝記というものは、一人の偉大な魂が、いかにして自己を磨きあげ、鍛えていったかというその足跡を、もっとも具体的に述べたものですから、抽象的な理論の書物と違って誰にも分かるし、また何人《なんぴと》にもその心の養分となるわけです。【359】

28日　偉人の共通項

自分のやりたいことはすぐにやる。つまり自分が本当にしたいと思ったことは、何物を投げ打ってもただちにそれをやる。たとえば本が読みたくなれば、たとえそれが真夜中でも、すぐに飛び起きて読む。

どうもこの辺に、偉大なる人に共通した特徴があるようです。そしてもう一つは、夢中になるということです。（中略）

もう一つは、最後までやり抜くということです。【385】

29日　一日の終わり、人生の終わり

われわれが夜寝るということは、つまり、日々人生の終わりを経験しつつあるわけです。一日に終わりがあるということは、実は日々「これでもか、これでもか」と、死の覚悟が促《うなが》されているわけです。しかるに凡人の悲しさには、お互いにそうとも気付かないで、一生をうかうかと過ごしておいて、さて人生の晩年に至って、いかに歎き悲しんでみたところで、今さらどうしようもないのです。

人間も五十をすぎてから、自分の余生の送り方について迷っているようでは、悲惨と言うてもまだ足りません。【504】

30日

鍛錬

われわれ凡人は人生のある時刻において、何らかの意味でかようなきびしい鍛錬をその師から受けない限り、真の人間とはなれないのではないでしょうか。【160】

10月

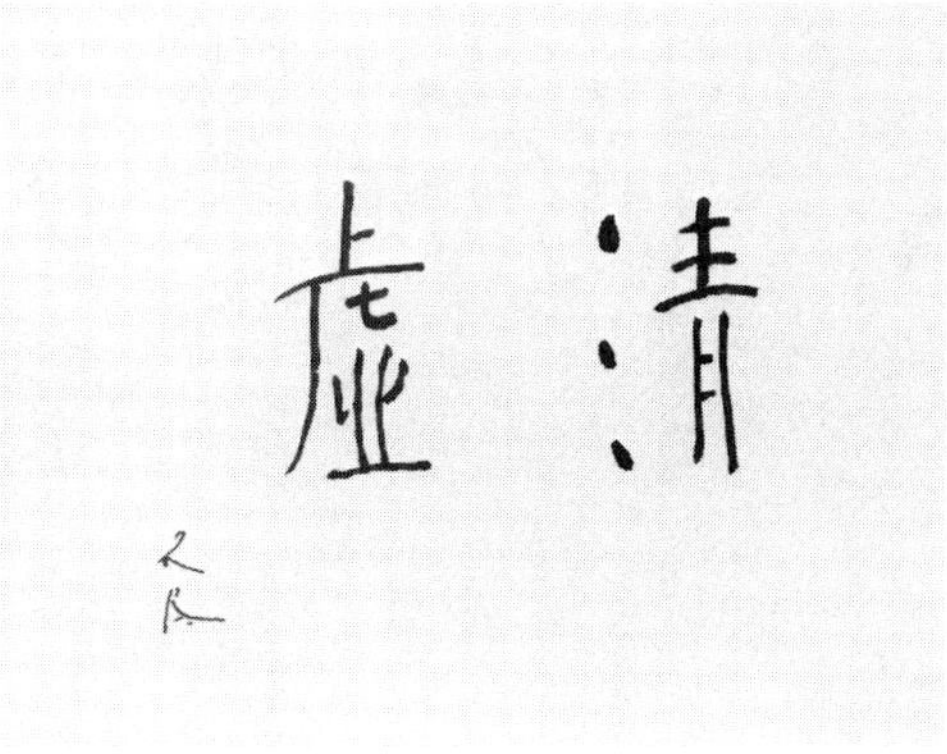

虚清

1日 読書の光①

われわれの日常生活の中に宿る意味の深さは、主として読書の光に照らして、初めてこれを見出すことができるのであって、もし読書をしなかったら、いかに切実な人生経験といえども、真の深さは容易に気付きがたいと言えましょう。【62】

2日 読書の光②

人生の深刻切実な経験も、もしこれを読書によって、教えの光に照らして見ない限り、いかに貴重な人生経験といえども、ひとりその意味がないばかりか、時には自他ともに傷つく結果ともなりましょう。【63】

3日 漫画の害毒

絵本の流行もあまり感心しませんが、漫画本に至ってはひどいですね。知を開くことが早すぎると、どうしても人間が平べったくなります。そして持続力がなくなる。ちょうど植木鉢を火鉢に掛けるようなものです。しかし社会の流行を一教室、一家庭で防ぐということは、実に至難なことです。

【135】

4日 考えるとは何か

真に考えるということは、その問題が常にその人の心の底にあって、忘れる時がないということでなければならぬのです。

【111】

5日 人生の正味は三十年

実は人生の正味というものは、まず三十年くらいのものです。実際人間も三十年という歳月を、真に充実して生きたならば、それでまず一応満足して死ねるのではないかと思うのです。【342】

6日 三十年を生き抜く

道元禅師は「某《それがし》は坐禅を三十年余りしたにすぎない」と言うておられますが、これは考えてみれば、実に大した言葉だと思うのです。本当に人生を生き抜くこと三十年に及ぶということは、人間として実に大したことと言ってよいのです。そこで諸君たちも、この二度とない一生を、真に人生の意義に徹して生きるということになると、その正味は一応まず、三十年そこそこと考えてよいかと思うのです。【343】

7日 人生の首尾を押さえる

今「人生の正味三十年」と考えるとなると、それはいわば人生という大魚を、頭と尾とで押さえるようなものです。魚を捕えるにも、頭と尾とを押さえるのが、一番確かな捕え方であるように、人生もその正味はまず三十年として、その首・尾を押さえるのは、人生に対する一つの秘訣と言ってもよいかと思うのです。【344】

8日 大往生の条件

一日の予定を完了しないで、明日に残して寝るということは、畢竟人生の最後においても、多くの思いを残して死ぬということです。つまりそういうことを一生続けていたんでは、真の大往生はできないわけです。【503】

9日 自分の「顔」を仕上げる

われわれの一生は、ある意味からは、自分という一人の人間の、いわば面作りのようなもので、われわれは一生かかって、この自分の「顔」という唯一つの面を、仕上げるようなものとも言えましょう。【146】

10日 修養は気品を高める

われわれ人間の生涯の修養は、この面のように、その一々が自己に刻みつけられていくものであって、われわれはそこに、しだいに浮彫りにされていくと言ってもよいでしょう。かように考えて来ますと、修養によってその人の気品が高まるということも、確かに言い得ることでしょう。【146】

11日 歌をつくる

歌をつくるには、最初は立派な人の歌集をよく詠むことです。とくにその中から、自分の最も好きな歌を五首か八首選んで、それを毎日暇さえあれば、朗々と声を出して暗誦するんです。そうしていると、そのうちに自分もちょっと作ってみたくなります。そうして作ったものを、先輩の人に直してもらうのです。これが上達の一番近道のようです。【171】

12日 リズム感と修養

歌や俳句をやることは、諸君がリズム感を磨く上で、最もよい方法だと思います。つまり無形の生命が文章の上に現れたとき、それがリズムとなるわけです。ですから、リズム感を磨くということは、生命の真の趣に触れるという意味で、人間修養の一助として大切なことだと思うのです。【173】

13日 対話の心得

対話の際の心得ですが、それには、なるべく相手の人に話さすようにする。さらに進んで相手の話を聞こうとする態度が、対話の心がけの根本と言ってよいでしょう。

つまり、なるべく聞き役に回るということです。もちろん、全然喋《しゃべ》らないというのも面白くありませんが、しかし自分は主として聞き役に回って、相手に何ら不快の感じをさせないというのが、対話としては上乗なるものでしょう。

【198】

14日 地位をわきまえる

そもそも人間の値打というものは、人物としてはその上位者よりも、その人の方が優れているとしても、自分の地位が低ければ、それ相当に相手を立てて尊敬するところに、初めて人の心を打つものがあるわけであります。

【214】

15日 苦しい目に出遭ったら

人間苦しい目に出遭ったら、自分をそういう目に遭わせた人を恨むよりも、自分のこれまでの歩みの誤っていたことに気がつかねばなりません。かくして初めて自分の道も開けるのです。また人間の内面的な強さや、しなやかさも、かくして初めて鍛えられるのです。【247】

16日 不遇を鍛錬の機会とする

下坐行ということは、その人の真の値打以下のところで働きながら、しかもそれを不平としないばかりか、かえってこれをもって、自己を識り自分を鍛える絶好の機会と考えるような、人間的な生活態度を言うわけです。【418】

17日 思いやりの源

目下の人に対する思いやりというのは、まず自分自身が、目上の人に対してよく仕《つか》えるところから生まれてくると思うのです。

【221】

18日 心の隙

目下の者が甘えるとか、さらにはつけ入るなどということは、結局は上の者の方が、先に心の隙を見せるからです。

【223】

19日　平生の持続が大切

人間というものは、平生、事のない場合においても、下坐行として何か一つ二つは、持続的に心がけてすることがなければ、自分を真に鍛えていくことはできにくいものです。

【420】

20日　誠によって貫く

人間の真価が、本当に認められるのは、その人の死後に相違ないですが、しかもその真価は、死後にあるのではなくて、実に生前の生活そのものにあることを忘れてはならぬのです。結局一口に申せば、その人の一生が、いかほど誠によって貫かれたか否かの問題でしょう。

【251】

21日 偉大なる実践家は大なる読書家

そもそもわれわれは、真の確信なくしては、現実の処断を明確に断行することはできないのです。ところが真に明確な断案というものは、どうしても道理に通達することによって、初めて得られるものでありますそこで偉大な実践家というものは、一般に大なる読書家であり、さらには著述をもなし得るていの人が多いと言えるわけです。

【66】

22日 真の読書

真の読書というものは、自分の内心の已むにやまれぬ要求から、ちょうど飢えたものが食を求め、渇した者が水を求めるようであってこそ、初めてその書物の価値を十分に吸収することができる。

【107】

23日　石川理紀之助と二宮尊徳

石川理紀之助翁のごときは、ひとり大なる読書家というのみでなく、いろいろの著述までもしていられるのであります。翁の起床は、大抵午前一時、二時であって、それから夜明けまでの数時間を、翁は読書と著述に専念せられたということです。

さらに尊徳翁に至っては、その生涯の著述は全集三十六巻を数える程であって、おそらく日本人の全集中、最大なるものと言えましょう。しかもそれがいわゆる学者と言われるような人でなくて、もっとも忙しい浮世の実務に没頭されながら、なおかつこれだけの力を蔵していられたということは、ただただ驚嘆の外ないのです。【66】

＊石川理紀之助翁は、明治時代の農村指導者。生涯を貧しい農村・農民の救済と指導に捧げた。「老農」「農聖」と呼ばれる。

24日 人生の意義は深さにある

人生の真の意義は、その長さにはなくて、実にその深さにあると言ってよいでしょう。ではそのように人生を深く生きるとは、そもそもいかなることを言うのでしょうか。畢竟するにそれは、真実に徹して生きることの深さを言う外ないでしょう。【345】

25日 三昧境を味わう

われわれが真に、自己の充実を覚えるのは、自分の最も得意としている事柄に対して、全我を没入して三昧《さんまい》の境《きょう》にある時です。そしてそれは、必ずしも得意のことではなくても、一事に没入すれば、そこにおのずから一種の充実した三昧境を味わうことができるものです。【373】

26日 感動が進歩の源になる

情熱というものは、まず物に感じるという形をとって現れるもののようです。したがって感激とか感動とかいうものは、その人の魂が死んでいない何よりの証拠です。ですからわれわれ人間は、感激や感動のできる間は、まだその人は進歩する可能性を持っていると言ってもよいでしょう。【337】

27日 純情素朴な魂

真に大きく成長してやまない魂というものは、たとえ幾つになろうと、どこかに一脈純情な素朴さを失わないものです。【338】

28日 優れた人格を尊敬する

真に自分を鍛えるのは、単に理論をふり回しているのではなくて、すべての理論を人格的に統一しているような、一人の優れた人格を尊敬するに至って、初めて現実の力を持ち始めるのです。同時にこのように一人の生きた人格を尊敬して、自己を磨いていこうとし始めた時、その態度を「敬」と言うのです。【484】

29日 理論を真の力に高める

そもそも人間というものは、単なる理論だけで立派な人間になれるものではありません。理論が真に生きてくるのは、それが一個の生きた人格において、その具体的統一を得るに至って、初めて真の力となるのです。したがって諸君らも、単に理論の本を読んでいるだけでは、決して真の力は湧いてこないのです。【484】

30日 齢を尊ぶ

松陰先生は、人間にして、爵《しゃく》の尊さを知って徳の尊さを知らないものは、その愚かなこと言うまでもないが、しかし徳の尊さを知って齢《よわい》の尊ぶべきを知らないものは、未だ真の人物とは言いがたいということを、その『講孟余話』の中で申しておられます。

【479】

31日 人を教える道

人を教える道は、一転して、自ら学ぶ果てしのない一道となる。

【37】

11月

山文
山

1日 偉大なる信念

もしその人にして真に偉大だったとしたら、その人は必ずや偉大な信念の所有者であり、そして偉大な信念に基づく言行は、必ずや何らかの形態において、死後に残るはずであります。【118】

2日 存在感

真に偉大な人格は、これに接した人々が、直接眼《ま》のあたりその人に接していた時よりも、むしろその膝下を去って、初めてその偉大さに気付くものであります。金剛山の高さは、山の中にいる時よりも、これを遠ざかって石川河畔に立ち、さらには河内平野に立つ時、いよいよその偉容を加えて来るのであります。【118】

3日 生死一如

われわれは、自己の生に徹することによって生を超えると共に、そこにおのずから死をも超える道が開かれてくるのであります。かくして人生を真に徹して生きる人には、生死はついに一貫となり、さらには一如ともなるわけであります。【257】

4日 国家と国民

一つの国家においても、その成員たる一人びとりの国民が、いかほど深く国家民族の使命を自覚しているか否かによって、その国家の運命に重大な相違が生ずると言えるわけであって、これは何人《なんぴと》にも明らかな道理であります。【92】

5日　真の教育者

真の教育者は、少なくとも二十年、三十年先の国家のことを、常にその眼中に思い浮かべていなくてはならぬ。

【111】

6日　教育の根本動力

真の教育とは、人材を植え付けることによって、この現実の世界を改革しようとするたくましい意力を、その根本動力とするものでなくてはならぬはずです。

【124】

7日 一道に徹する

すべて人間は一道に徹すると、国家社会の相がはっきりと見えてくるものです。同時に一度そこに眼が開かれると、自己に対しては無限の精進、後に来る者に対しては無限の愛情が湧くのです。まあこの辺のことは、諸君たちが今後怠らずに道を求めていけば、しだいに分かってくることでしょう。【143】

8日 政治と教育

人間救済の情熱は、これを大別する時、結局、政治と教育という二つの現れ方をすると言ってよいでしょう。

すなわち政治は外を正すことによって、内をも正そうとするものであり、教育はこれに反して、内を正すことによってついには外をも正そうとするものであります。したがってその現れる方向こそ違え、政治と教育とは、本来不可分のものでなくてはならぬはずであります。【244】

9日 教えの力、教えの光

他人、とくに自分の平生《へいぜい》親しくしている同級生とか同僚などの、優れた点に気付くということは、結局その根本において、教えの力によらなければならぬでしょう。

つまり人間というものは、教えの光に照らされなければ、たとえ幾年、否、時としては十数年の永きにわたって交っても、この点に対する深い自覚には至りがたいものであります。けだし教えの光に照らされるということは、つまりは自分の醜さが分かり出すということだからです。【147】

10日 自修の決心

真の修身科は、いつも申すように、自分の一生の志を立てることが根本です。つまり自分の生涯を貫く志を打ち立てるということです。人間も自己を修めないことには、真の人物になることはできません。このことを痛感して、自修の決心を打ち立てる時、そこに初めて真の修身科が始まるわけです。【173】

11日 実践して分かること

廊下の紙屑というものは、それを見つけた人が拾ってやるまで、いつまでもそこに待っているものです。もっともこれは、紙屑を拾うように努めている人だけが知っていることなんですが――。このように世の中には、実践しなければ分からない世界が限りなくあるものです。【203】

12日 誠に至る道

誠に至るのは、何よりもまず自分の仕事に全力を挙げて打ちこむということです。すなわち全身心を捧げて、それに投入する以外にはないでしょう。かくして誠とは、畢竟するに「己れを尽くす」という一事に極まるとも言えるわけです。

すなわち後にすこしの余力も残さず、ひたすらに自己の一切を投げ出すということでしょう。【252】

13日 生命の波紋

人間は、いかに低い地位にあっても事実をもって一貫すれば、死後にもなおその周囲に、生命の波紋を描き得ることが明らかであります。【260】

14日 真実はいつか輝き出す

世の中ほど正直なものはない。ほんとうの真実というものは、必ずいつかは輝き出すものだと思うのです。ただそれがいつ現れ出すか、三年、五年にして現れるか、それとも十年、二十年たって初めて輝き出すか、それとも生前において輝くか、ないしは死後に至って初めて輝くかの相違があるだけです。人間も自分の肉体が白骨と化し去った後、せめて多少でも生前の真実の余光の輝き出すことを念じるくらいでなければ、現在眼前の一言一行についても、真に自己を磨こうという気持ちにはなりにくいものかと思うのです。【421】

15日 酔生夢死の徒

人間が志を立てるということは、いわばローソクに火を点ずるようなものです。ローソクは、火を点けられて初めて光を放つものです。同様にまた人間は、その志を立てて初めてその人の真価が現れるのです。志を立てない人間というものは、いかに才能のある人でも、結局は酔生夢死《すいせいむし》の徒にすぎないのです。【328】

16日 自覚的な一歩を

諸君、試みに深夜、一本のローソクを机の上に立てて、端座瞑目《たんざめいもく》して、過ぎ去った自分の過去を顧みてごらんなさい。そして自分がすでに、人生の四分の一近くを空費したことに想い至る時、諸君は、果たしてどのような感慨に打たれるでしょうか。その時諸君らの人生は、初めて真に自覚的な一歩を踏み出すとも言えましょう。【312】

17日　宗教・哲学の役割

自分の情熱を深めていくには、一体どうしたらよいかというに、それはやはり偉人の伝記を読むとか、あるいは優れた芸術品に接することが、大きな力になることでしょう。そしてそれを浄化するには、宗教及び哲学が大いに役立つものです。【339】

18日　短い時間をむだにしない

今日一日の仕事を、予定通りに仕上げるには、一体どうしたらよいでしょうか。それにはまず、短い時間をむだにしないということでしょう。【503】

19日 一時一事

自分が現在なさなければならぬ事以外のことは、すべてこれを振り捨てるということと、なすべきことに着手するということは、元来、一つの事の両面とも言うべきであって、この点は、おそらくわれわれが仕事をし果たす上で、一番の秘訣かと思うのです。

【371】

20日 態度はどうか

人が真に自分を鍛え上げるには、現在自分の当面している仕事に対して、その仕事の価値いかんを問わず、とにかく全力を挙げてこれにあたり、一気にこれを仕上げるという態度が大切です。そしてこの際肝要なことは、仕事のいかんは問題ではなくて、これに対する自分の態度いかんという点です。

【469】

21日

一気呵成

すべて実行的な事柄というものは、原則としては「一気呵成《いっきかせい》」ということが、事を成す根本と言ってよいでしょう。【372】

22日

限りなく求めよ

真の修業とは、つねに限りなく求めることの外ないのです。すなわち自己に与えられた生命の限りを、どこまでも生かそうとすることです。【426】

23日 「暑い」「寒い」を禁句にせよ

これからしだいに冬に入りますが、諸君はなるべく「寒い」という言葉を使わないように――。われわれ人間も、この「暑い」「寒い」ということを言わなくなったら、おそらくそれだけでも、まず同じ職域内では、一流の人間になれると言ってよいでしょう。【453】

24日 順逆を越える

人間は、この「暑い」「寒い」と言わなくなったら、そしてそれを貫いて行ったとしたら、やがては順逆を越える境地に至ると言ってよいでしょう。【454】

25日 空気の濁りに気付く

教師というものは、とくに冬向きになったら、教室の空気がどの程度濁っているかということが、点数でピシリと言えるようでなければいけないのです。この教室の空気は、今日はまず六十点くらいのものです。教師として教室の空気の濁りに気付かぬというのは、その精神が緊張を欠いている何よりの証拠です。【501】

26日 わが轍を踏むなかれ

たびたび申すことながら、諸君!! この人生は二度とないのです。諸君らにして志を立てなかったならば、おそらくまた私の轍《てつ》を踏むことになりましょう。私は今自分の過去四十年の愚かなる足跡を省みつつ、翻《ひるがえ》って諸君らの前途を想望する時、うたた感慨に堪えないものがあるが故に、あえてこのようなことを申すしだいです。【120】

27日　プラスの裏にマイナスあり

人間は、順調ということは、表面上からはいかにも結構なようですが、実はそれだけ人間が、お目出たくなりつつあるわけです。すると表面のプラスに対して、裏面にはちゃんとマイナスがくっついているという始末です。【436】

28日　心の養分は足りているか

ひとたび「心の食物」ということになると、われわれは平生それに対して、果たしてどれほどの養分を与えていると言えるでしょうか。からだの養分と比べて、いかにおろそかにしているかということは、改めて言うまでもないでしょう。【62】

29日 生理と精神

生まれつきとしては、肉体的にいかに強壮な人でも、もしその人が性欲を守る点できびしくなかったら、将来必ずや衰える期がくるのであります。同時にまたこれに反して、その生まれつきとしては、さまで健康でない人でも、もしその人が性欲を制御することがきびしかったとしたら、その人はよく天寿をたもち、永く精神的な活動に堪えることができるのであります。【165】

30日 死に際は修養の結晶

人間も死に際《ぎわ》が悪いと、その人の一生を台なしにしますが、しかし死に際のいかんは、その人の生涯を貫く心の修養の結晶であり、その結実と言ってよいでしょう。それ故お互い人間は、平素から常に最後の場合の覚悟を固めて置かなければならぬと思うのです。【430】

12月

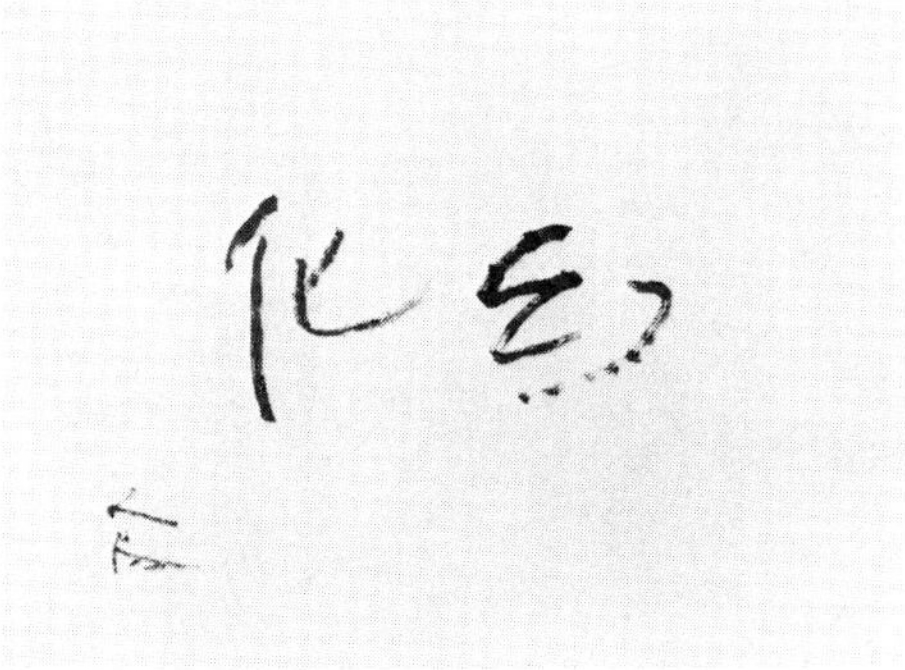

化幻

1日　天真

人間というものは、その人が偉くなるほど、しだいに自分の愚かさに気付くと共に、他の人の真価がしだいに分かってくるものであります。そして人間各自、その心の底には、それぞれ一箇の「天真」を宿していることが分かってくるのであります。【132】

2日　人間的威力を鍛錬する

真の修養とは、人間的威力を鍛錬することです。無力なお人よしになることは、大よそ天地隔たることと言ってよいのです。つまり真の内面的な自己を築くことです。その人の前では、おのずから襟を正さずにはいられないというような人間になることです。【138】

3日　単純なものだからこそ

植物というものは、動物、とくに人間から見れば、生命の最も低い発現段階といってよいでしょう。すなわち、宇宙の大生命は、植物としては、その最も単純な姿を示すわけです。が同時にまたすべて単純なものは、つねに自己の全体の姿をはっきりと現すと言えましょう。

【405】

4日　老木の味わい

私は老木を見ることが好きであります。鬱然《うつぜん》たる老木の姿に接する毎に私は、そこに完成せられた人間の内面的な消息を、まざまざと形の上に見る思いがするわけです。同時にまた、自分も年老いたならば、あの老木の持つような味わいを、多少なりともわが身の上に得られるようでありたいと思うのです。

【404】

5日 風雪の鍛錬

私は老木を見ていますと、その枝の一つひとつが、いかに多くの風雪にたえて来たかということを、しみじみと感ぜしめられるのであります。いやしくも老木といわれる以上は、ただ木が大きいというだけではなくて、そこに一種いいがたい気品とも言うべき趣がなくてはなりません。そしてその趣は、風雪によって鍛えられて、いわばその生なところがことごとく削りとられて、残すところがなくなったものであります。それ故植物でありながら、永年の風雪の鍛錬によって、そこには一種精神的ともいうべき気品が現れて来るのです。【406】

6日 生活の鍛錬

このようなことは、またわれわれ人間の世界についても言えるようであります。すなわち一人の優れた人格というものは、決して生やさしいことでできるものではありません。その人が、現実生活においてなめた苦悩の一つひとつが、その人を鍛えて、その人から生なところを削りとっていくわけです。すなわち生活の鍛錬が、その人からすべての甘さを削り取っていくわけです。【406】

7日　道理を知る

人間は読書によって物事の道理を知らないと、真の力は出にくいものです。そもそも道理というものは、ひとりその事のみでなく、外の事柄にも通じるものです。【506】

8日　一日が一生になる

今日という一日を、真に充実して生きるところに、やがてまた一生そのものを充実して生きる秘訣がある。……結局は一日一日の移りゆきの外ないわけです。【507】

9日 生命を慈しむ

私達が、自分の生命に対して、真に深い愛惜の念を持ち得ないのは、自分の周囲に無数の人々の生死を見ていながら、しかもそれをわが身の上に思い返さないからです。さらに一歩をすすめて申せば、わが身が人間として生をこの世にうけたことに対して、真の感謝の念を持たないからでしょう。

【311】

10日 生命の奇跡

そもそも私達が、ここに人間として、この世に生命をうけることのできたということは、決して私達の努力や計らいによるものではないわけです。すなわち私達は、自分の努力の報いとして、ここに万物の霊長たる人間としての生命をうけたわけではないのです。

【311】

11日 楽天知命

いやしくもわが身の上に起こる事柄は、そのすべてが、この私にとって絶対必然であると共に、最善なはずだ。

それ故われわれは、それに対して一切これを拒まず、一切これを却《しりぞ》けず、素直にその一切を受け入れて、そこに隠されている神の意志を読み取らねばならぬわけです。したがってそれはまた、自己に与えられた全運命を感謝して受け取って、天を恨まず人を咎めず、否、恨んだり咎めないばかりか、楽天知命、すなわち天命を信ずるが故に、天命を楽しむという境涯です。【434】

12日 平常心是道

要するに平生が大事なのです。このことを昔の人は、「平常心是道《へいじょうしんこれどう》」と申しています。つまり、剣を持ったり、坐禅をしている間だけが修業ではなくて、むしろ真の修業は、竹刀を捨て坐禅を解いてから始まるというわけです。人間もこの辺の趣が分かり出して初めて、道に入るのです。【457】

13日　山巓に立って分かること

人間は、どの下り道をとるかということは、山巓《さんてん》に立って初めて分かるものです。諸君らに、私のこの言葉が何を意味するか分かりますか。むろん今は分からんでしょうが、もし諸君らにして、今後二十年精進を怠らなかったら、必ずや分かる時が来ましょう。【141】

14日　一筋の道

自己の一切を捧げ、己れを尽くし切るところ、そこにおのずから一筋の道が開かれてくるわけです。【253】

15日　真の一道

真の一道が開かれるのは、かくして起ち上がった自己の内なる醜い我見をえぐり出して、かくして浄《きよ》められた自己の全心身を、己がつとめに対して、投げ込み捧げ切るところ、そこに初めて開かれてくるのであります。【253】

16日　偉大なる教育者

真に教育者の名に値するような人々は、超凡の大志を抱きながら、色々と世間的な事情によって、それを実現するによしない立場に立たされた人傑が、現実的にはそれを断念すると共に、どうしても自分の志を、門弟子を通して達成せしめずにはおかぬ、という一大願を起こすところに、初めて生まれるもののようです。

孔子しかり、プラトンしかり、わが松陰先生またしかりです。【53】

17日 人を知る

われわれ凡人には、いかに優れた方でも、まず十年くらい私淑《ししゅく》しないことには、その方の真のお偉さを知ることはできないようです。その人を真に知るとは、その方の現在わが国における位置を知るのみならず、さらに一歩すすめて、その方の歴史的位置を知ることとです。ここまで来なければ、真にその人を知ったとは言えないでしょう。

【142】

18日 無礼講

人間の地金《じがね》は、お酒の席でよく分かるものです。いい年をしながら、宴会を無礼講だなどと考え違いをして、勝手のいい放題をしているようでは、人間も一生浮かばれんですネ。

【137】

19日　老年になって読む伝記

伝記は何人《なんびと》にとっても必要であり、またいかなる年齢の人も読むべきであって、たとえばもはや老年になって、ほとんどなすべきことのないような人でも、偉人はその晩年をどのように過ごしたかということを知る意味で、伝記は決して無意味ではないわけです。否、臨終の近付いたような場合すら、かつての日読んだ偉人の臨終の模様を想い浮かべることによって、人生の最期における人間的態度を教えられる最も力強い教えとなることでしょう。【360】

20日　偉人の背景を知る

私達は、優れた方々に接する機会のあった場合には、その完成された老境の美を見逃さないように注意すると共に、又そこまで到達せられた生涯の惨苦《さんく》に充ちた歩みにまで、思い至るようでなければならぬでしょう。というのも、古来人生の惨苦をへずして偉大になった一人の人間も、かつてなかったことに想い至らないで、ただ「偉い偉い」というだけでは、真に偉人を敬仰《けいぎょう》するゆえんではないでしょう。【407】

21日 安んじてこの世を去る

この世にある間は、自分の全力を挙げてこの世の務めを尽くす。これやがて、安んじてこの世を去る唯一の秘訣でありましょう。いざという時に心残りのない道、これ真に安んじて死に得る唯一の道であります。

【262】

22日 肉体が滅びても

一人の偉大な教師の存在によって、二十年、三十年、否、時には四、五十年の後に、その地方が根本から立ち直って、そこに新たなる民風が起こるというのでなければならぬでしょう。その時、その種子をまき、苗を育てた教育者の肉体は、すでにこの地上にはないでしょう。しかもその精神は、脈々としてその地方の中心人物たちの心の底深く根を下ろして、その地方の改革の根本動力として働くのであります。

【124】

23日 故人に尽くす一つの途

（故人に尽くす一つの途は）故人の書き残したもの、並びに生前故人と親しかった人々の、故人に対する思い出などを書き集めて、それを何らかの形で印刷して、故人の生前を知っている人々の間に頒《わか》つということであります。【409】

24日 私の楽しみ

私の楽しみは諸君らがほんとうに生命がけになったら、一生かかってどれくらいの人間になれるかということです。つまり人間、大学や専門学校などを出なくても、その人の覚悟と勉強しだいでは、どれほどの人間になれるものか、その生きた証拠が見たいのです。【139】

25日 人生の道を真実に歩む

とにかく諸君!!　人生の道は深くして、その味わいは実に窮《きわま》りないのです。希《ねが》わくば諸君!!　この二度とない人生を、できるだけ真実に歩まれることを切望して已まないしだいです。

【283】

26日 一生を真実に生きる

世の中が正直だということは、この一生を真実に生きてみたら、おのずと分かることだと思います。それが正直と思えないというのは、結局そこに自分の自惚《うぬぼ》れ根性がひそんでいるせいです。同時にこの点がほんとうに分かると、人間も迷いがなくなりましょう。

【451】

27日 置土産

今諸君らの生活が、真に深く、かつ内面的に大きかったならば、諸君らの精神は、必ずや後に来る人々のために、一種の置土産となることでしょう。さらにまた、私共のように教職にある者としては、その精神は、仮にその学校を去る時がありましても、もしその生活が真実であったならば、必ずや後に多少の余韻が残るようでなくてはなりますまい。【516】

28日 永遠を思う

人は夜空を仰ぐ時、初めて深く永遠を思うものです。同時に永遠を思うとき、人は翻ってゆかり深き人々の上を思うものであります。【521】

29日 すべては因縁

世の中のことは、すべてが因縁でありまして、諸君らがこの学校に入学したということ、また私がこの学校に職を奉じたということと、さらにまた今後一年間を、諸君らと共に過ごすようになったということなど、そのいずれもがすべては因縁であって、深く考えれば、自分の力で得たことは何一つとしてないのです。かく考えて来ますと、お互いにこの因縁の持つ無限の意味をよく考えて、深くこれを生かさなければならぬと思うのです。

【292】

30日 一歩を積み重ねる

私自身が、諸君らくらいの年配から、今日四十を超えるまでの自分の歩みを回想してみますと、たびたびの危いところを、よくもマア大過なく通って来られたものだと思うほどです。人間の一生は、決して容易ではありません。しかもそれは、一歩々々のたゆまざる歩みによって、しだいに開けていくものであって、いかに優れた英俊の資といえども、弱年にして人生を通観するということは不可能と言ってよいでしょう。

【522】

31日 真に徹して生きる

人生はしばしば申すように、二度と再び繰り返し得ないものであります。したがってまた死・生の悟りと言っても、結局はこの許された地上の生活を、真に徹して生きるということの外ないでしょう。【523】

＊最後の講義の中で森先生は上記のように述べられた。生徒の一人は講義の終わりに次のような感想を残している。

「これが先生のわれわれに対する最後のご講義かと思うと、咳一つする者もなかった。先生一礼の後、無言のまま静かに教室を出ていかれた。生徒一同しばしの間立ち上がる者もなかった」

あとがき

『修身教授録』は森信三先生が天王寺師範学校で教鞭をとっていた時期、二年間にわたって行った修身の講義の記録である。当社はこれを平成元年に刊行した。以来、平成十九年の現在まで版を重ねて二十五刷を数えている。

五百ページを超える大冊で、読破するには力が要る。そして、これといった宣伝をしたわけでもない。それでも毎年着実に売れ、ロングセラーとなっているのは、森先生が一時間一時間の授業に込めた志の高さ熱さが、日本人の奥底にある精神の琴線に触れるからなのだろう。

『修身教授録』の神髄をつかむには、五百ページ超の大冊と取り組み、急所を衝《つ》く寸言と正対していただくに如《し》くはない。それは読書の面白さを満喫していただくことにもなるだろう。にもかかわらず敢《あ》えて『一日一言』を編むのは、個人的な経験に拠《よ》っている。

当社ではある時期、十人余の社員を対象に、月一回のペースで早朝、『修身教授録』の輪読会を行っていた。率直に言って当初、参加する社員は迷惑そうであった。だが、次第にその目に輝きを宿し、輪読会を心待ちにするようになるのに、さして時間はかからなかったのである。折に触れてその社員の個性にもっとも合う『教授録』の言葉を墨書し、贈ることもやった。これも大変喜ばれ、一人一人が生き生きしてくるように感じられた。真実の言葉がいかに人を覚醒させていくかを痛感した次第である。

本書はこの経験に萌芽している。ここに選出した三百六十六の寸言が多くの人生を揺さぶり、活性化させる端緒となることを祈り、またそれを確信して、本書を送り出したいと思う。

平成十九年七月記す

編集・発行人　藤尾秀昭

●森　信三先生・略歴

明治29年9月23日、愛知県知多郡武豊町に端山家の三男として生誕。両親不縁にして、3歳の時、半田市岩滑《やなべ》町の森家に養子として入籍。半田小学校高等科を経て名古屋第一師範に入学。その後、小学校教師を経てより、広島高等師範に入学。在学中、生涯の師西晋一郎先生に邂逅。のち京都大学哲学科に進学、西田幾多郎先生の講筵に侍る。

大学院を経て、天王寺師範の専任教諭となり、師範本科生の修身科を担当。のち旧満洲の建国大学教授(44)に赴任。50歳にして敗戦。九死に一生を得て翌年帰国。幾多の辛酸を経て、58歳神戸大学教育学部教授に就任。65歳をもって退官。70歳にしてかねて念願の『全集』25巻の出版刊行に着手。同時に海星女子学院大学教授に迎えらる。

77歳長男の急逝を機に、尼崎市立花町にて独居自炊の生活に入る。80歳にして『全一学』五部作の執筆に没頭。86歳脳血栓のため入院。88歳より神戸の三男宅にて療養。89歳にして『続全集』8巻の完結。97歳、平成4年11月21日逝去せらる。

「修身教授録」一日一言

平成十九年八月十日第一刷発行
令和元年五月二十五日第四刷発行
著者　森　信三
編者　藤尾　秀昭
発行者　藤尾　秀昭
発行所　致知出版社
〒150-0001東京都渋谷区神宮前四の二十四の九
TEL（〇三）三七九六―二一一一
印刷　㈱ディグ　製本　難波製本

ISBN978-4-8474-784-8 C0095
ホームページ　https://www.chichi.co.jp
Eメール　books@chichi.co.jp